"一带一路"
国别概览

罗马尼亚

李向阳 总主编

景瑞琴 张梦婷 编著　　刘增文 审定

大连海事大学出版社

ⓒ 景瑞琴 张梦婷 2018

图书在版编目(CIP)数据

罗马尼亚 / 景瑞琴,张梦婷编著. — 大连：大连海事大学出版社，2018.10
("一带一路"国别概览 / 李向阳总主编)
国家出版基金项目
ISBN 978-7-5632-3734-0

Ⅰ.①罗… Ⅱ.①景…②张… Ⅲ.①罗马尼亚-概况 Ⅳ.①K954.2

中国版本图书馆CIP数据核字(2018)第248229号

大连海事大学出版社出版

地址：大连市凌海路1号　邮编：116026　电话：0411-84728394　传真：0411-84727996
http://www.dmupress.com　E-mail:cbs@dmupress.com

大连海大印刷有限公司印装　　　　　　　　　　大连海事大学出版社发行

2018年10月第1版　　　　　　　　　　　　　　2018年10月第1次印刷
幅面尺寸：155 mm×235 mm　　　　　　　　　　印数：1～3000册
印张：9.75　　　　　　　　　　　　　　　　　　字数：146千

出 版 人：徐华东　　　　　　　　　　　　　　项目策划：徐华东
责任编辑：于孝锋　　　　　　　　　　　　　　责任校对：杨玮璐
　　　　　　　　　　装帧设计：孟　冀　解瑶瑶　张爱妮

ISBN 978-7-5632-3734-0　　　　　　　　　　　　　　　　定价：49.00元

"一带一路"国别概览

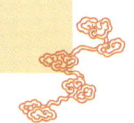

丛书编委会

- **主　任**　李向阳
- **副主任**　徐华东　李绍先　郑清典　李英健
- **委　员**　李珍刚　姜振军　张淑兰
　　　　　　尚宇红　黄民兴　唐志超
　　　　　　滕成达　林晓阳　杨　淼

总序

2013年秋，国家主席习近平在哈萨克斯坦和印度尼西亚出访期间，先后提出共建"丝绸之路经济带"和"21世纪海上丝绸之路"的倡议，倡导共商、共建、共享理念，得到国际社会广泛关注和积极响应。"一带一路"倡议旨在积极发展与沿线国家的经济合作伙伴关系，共同打造政治互信、经济融合、文化包容的利益共同体、命运共同体和责任共同体。

"一带一路"倡议源自中国，更属于世界，它面向全球、陆海兼具、目的明确、路径清晰、参与方众、反响热烈。五年间，"一带一路"倡议从理念转化为行动，从愿景转变为现实，在顶层设计、政策沟通、设施联通、贸易畅通、资金融通、民心相通等方面都取得了显著的成果，为实现世界共同发展繁荣注入推动力量、增添不竭动力。目前，我国已与100多个国家和国际组织签署了共建"一带一路"合作文件。共建"一带一路"倡议及其核心理念被纳入联合国、二十国集团、亚太经合组织、上合组织等重要国际组织成果文件。

"一带一路"沿线国家地理地貌、风俗人情、经济发展、投资环境各不相同，极有必要对其进行系统的介绍和分析。此外，目前针对"一带一路"沿线国家的研究仍不够深入，缺少系统、整体的研究资料。大连海事大学出版社组织策划的"'一带一路'国别概览"丛书（首批65卷）适逢"一带一路"倡议提出五年后下一个阶段深入推进的需要之时，也填补了国内系统地介绍"一带一路"沿线国家国情的学术专著的空白，获得了国家出版基金项目资助，并入选教育部全国高校出版社主题出版选题。

"'一带一路'国别概览"丛书（首批65卷）联合中国社会科学院、北京大学、山东大学、宁夏大学、广西民族大学、上海对外经贸大学、黑龙江大学等多家高校及研究机构编写，并组织驻"一带一路"沿线65个国家的前大使对相关书稿进行审定。本套丛书不仅涵盖了各国地理、简史、政治、军事、文化、社会、外交、经济等方面的内容，突出了各国与丝绸之路或海上丝绸之路的历史渊源，力争为读者提供全景式的国情介绍，还从"一带一路"政策出发，引用实际案例详细阐述了中国与各国贸易情况及各国的投资环境，旨在为"一带一路"的推进提供强大的智力支持，加快科技成果转化，促进合作人才培养，帮助我国"走出去"的企业有效地防控风险，从而全方位地助推"一带一路"建设。

"'一带一路'国别概览"丛书（首批65卷）的顺利出版得益于大连海事大学出版社的精心策划和组织，也凝聚着百余位相关领域专家学者的心血，在此深表感谢。

国家主席习近平曾深情地说："'一带一路'建设承载着我们对美好生活的向往，将把每个国家、每个百姓的梦想凝结为共同愿望，让理想变为现实，让人民幸福安康。"我们也希望本套丛书可以为"一带一路"建设架起一座沟通的桥梁，推动"一带一路"倡议在沿线国家向更深远和平稳的方向发展。

"'一带一路'国别概览"丛书编委会
2018年6月

前言

2015年3月28日，国家发展改革委、外交部、商务部联合发布了《推动共建丝绸之路经济带和21世纪海上丝绸之路的愿景与行动》。文件指出，加快"一带一路"建设，有利于促进沿线各国经济繁荣与区域经济合作，加强不同文明交流互鉴，促进世界和平发展，是一项造福世界各国人民的伟大事业。罗马尼亚位于东南欧巴尔干半岛东北部，所处地理位置十分重要，是西欧同黑海、中东相连的主要通道之一，是波罗的海同巴尔干和地中海相连的中心点，又是中亚各国同欧洲进行管道石油运输的必经之地，是"一带一路"倡议的重要沿线国家。

中国与罗马尼亚自1949年10月5日建交以来，一直保持着友好合作关系。"一带一路"倡议的提出为双边关系注入新动力，中国经济增长将为包括罗马尼亚在内的沿线各国带来更大的市场需求。近年来，两国领导人之间交往频繁，政治互信也不断加深，中国与罗马尼亚全面友好合作伙伴关系取得长足发展，两国友好的政治基础和社会基础不断夯实。

随着罗马尼亚经济好转和加入欧盟，中罗两国的货物贸易发展迅速。2011年，罗马尼亚与中国大陆贸易额达到历史最高水平，为29.2亿欧元。2013年，罗马尼亚与中国贸易额约24.67亿欧元，在欧盟外的国家中，中国成为罗马尼亚第二大进口来源国。根据商务部《对外投资合作国别（地区）指南——罗马尼亚》显示，2016年中罗双边经贸合作不断加强，双边贸易额近49亿美元，同比增长9.9%。在世界贸易低迷的情况下，两国贸易逆势增长，体现了双方贸易良好的基础和合作韧性。近年来，中国对罗马尼亚的投资也稳步增长。2015年，罗马尼亚经济部与中国商务部签署了关于在两国经济联委会框架下推进共建丝绸之路经济带的谅解备忘录，罗马尼亚成为首批与中国签署此类协议的国家之一。

"'一带一路'国别概览"系列丛书的出版符合时代要求。作为系列丛书之一的《罗马尼亚》将为中国与罗马尼亚的双边贸易和投资提供一定的帮助。

本书分为九章。第一章介绍了罗马尼亚的地理特征,包括地理位置、气候、地势地貌、地质、水文、自然资源和行政区划等七个方面;第二章从史前时期到现代时期梳理了罗马尼亚简史;第三章为政治,包括国家标志、宪法、政党、议会、总统、政府、司法机关等七部分内容;第四章简要介绍了罗马尼亚的军事;第五章从语言文字、文学、艺术三方面为读者展示了罗马尼亚的文化,并用霍夫斯泰德的文化维度对罗马尼亚的文化进行了分析;第六章介绍了罗马尼亚的社会概况;第七章为外交,简要梳理了罗马尼亚的对外政策和对外关系;第八章为经济,对罗马尼亚的主要产业进行了分析;第九章为对外经济关系,分析了罗马尼亚与各国、主要国际组织的经济关系。

本书由景瑞琴负责整体框架的设计。上海对外经贸大学研究生还羽茜、李阳、张静雪、王琛崴、程亭亭、李沁哲、张洁承担了部分章节的资料收集与初稿整理工作;卢毅聪承担了部分资料的收集与整理工作;张梦婷通过对双边货物贸易的数据分析,在第九章第七节中对中国与罗马尼亚的货物贸易关系进行了研究。全书由景瑞琴、张梦婷编写,并由景瑞琴统筹及定稿。

特别鸣谢大连海事大学出版社与上海对外经贸大学中东欧研究中心的支持,正因为他们的帮助,"'一带一路'国别概览"系列丛书才得以出版。

编　者

2018年6月

目录

第一章　地理 ··· 1
　第一节　地理位置 ··· 1
　第二节　气候 ··· 1
　第三节　地势地貌 ··· 2
　第四节　地质 ··· 5
　第五节　水文 ··· 5
　第六节　自然资源 ·· 11
　第七节　行政区划 ·· 15

第二章　简史 ··· 18
　第一节　史前时期 ·· 18
　第二节　古代时期 ·· 21
　第三节　中世纪时期 ·· 23
　第四节　近代时期 ·· 26
　第五节　现代时期 ·· 29

第三章　政治 ··· 32
　第一节　国家标志 ·· 32
　第二节　宪法 ·· 33
　第三节　政党 ·· 35
　第四节　议会 ·· 37
　第五节　总统 ·· 39
　第六节　政府 ·· 41
　第七节　司法机关 ·· 42

第四章　军事 ··· 44
　第一节　概述 ·· 44
　第二节　军衔制度与兵役制度 ··· 49
　第三节　国防政策与军事战略 ··· 50

1

第四节　军事合作 ………………………………………… 52
第五章　文化 ………………………………………………………… 55
　　第一节　语言文字 ………………………………………… 55
　　第二节　文学 ……………………………………………… 56
　　第三节　艺术 ……………………………………………… 60
　　第四节　罗马尼亚文化分析 ……………………………… 66
第六章　社会 ………………………………………………………… 69
　　第一节　人口与民族 ……………………………………… 69
　　第二节　宗教 ……………………………………………… 72
　　第三节　传统风俗 ………………………………………… 72
　　第四节　教育 ……………………………………………… 76
　　第五节　医疗卫生 ………………………………………… 79
　　第六节　科技 ……………………………………………… 80
　　第七节　新闻媒体 ………………………………………… 80
第七章　外交 ………………………………………………………… 82
　　第一节　对外政策 ………………………………………… 82
　　第二节　对外关系 ………………………………………… 83
第八章　经济 ………………………………………………………… 90
　　第一节　概述 ……………………………………………… 90
　　第二节　农业 ……………………………………………… 92
　　第三节　工业 ……………………………………………… 95
　　第四节　建筑业 …………………………………………… 97
　　第五节　旅游业 …………………………………………… 101
　　第六节　交通物流 ………………………………………… 104
　　第七节　商业与服务业 …………………………………… 111
第九章　对外经济关系 ……………………………………………… 116
　　第一节　外贸概况 ………………………………………… 116
　　第二节　外贸进出口商品结构 …………………………… 117
　　第三节　主要贸易伙伴 …………………………………… 118
　　第四节　外资国别 ………………………………………… 119
　　第五节　与中国的经济关系 ……………………………… 120
　　第六节　与国际经济组织的关系 ………………………… 131

第七节　与世界其他国家和国际组织的经济关系……………… 132
参考文献 …………………………………………………………………140

第一章 地理

第一节 地理位置

罗马尼亚位于东南欧巴尔干半岛东北部，国土面积为23.75万平方千米，是中东欧地区最美丽的国家之一。罗马尼亚北部和东北部分别与乌克兰和摩尔多瓦交界；西北部和西南部分别同匈牙利和塞尔维亚接壤；南部同保加利亚以多瑙河为界。多瑙河自西向东蜿蜒而过，奔流汇入黑海，形成欧洲面积最大、保存最完好的多瑙河三角洲。罗马尼亚所处地理位置十分重要，是西欧同黑海、中东相连的主要通道之一，是波罗的海同巴尔干和地中海相连的中心点，还是中亚各国同欧洲进行管道石油运输的必经之地。

罗马尼亚属于东2时区，比北京时间晚6小时。罗马尼亚每年4~10月实行夏令时，届时与北京时差为5小时。

第二节 气候

罗马尼亚属于典型的温带大陆性气候，四季分明，年平均气温在10 ℃左右。春季短暂，却气候宜人；6~8月是夏季，平均气温为22~24 ℃，南部和东部低地是最热的地区，最高气温可达38 ℃，而山区永远凉爽怡人；秋季凉爽干燥；冬季有些寒冷，12月至次年3月平均气温为-3 ℃左右，尤其在山区，气温最低纪录曾达到-30 ℃。罗马尼亚年降雨量为600~800毫米,春末和夏初为多雨季节。

第三节　地势地貌

一、地形特点

　　罗马尼亚地形奇特多样,境内平原、山地、丘陵各约占国土面积的三分之一。罗马尼亚山河秀丽,蓝色的多瑙河、雄奇的喀尔巴阡山和绚丽多姿的黑海是罗马尼亚的三大国宝。多瑙河流经罗马尼亚的长度为1 075千米,罗马尼亚国土上蜿蜒流淌的大小数千条河川,多与多瑙河汇流,形成"百川汇多瑙"水系。有"罗马尼亚脊梁"之称的喀尔巴阡山绵亘在罗马尼亚40%的国土上。罗马尼亚濒临黑海,景色秀丽的黑海海滨是著名的旅游胜地。

　　罗马尼亚地形呈阶梯状,分布对称,各种地形所占比例均匀,地貌种类多样。地形的多样化为罗马尼亚的经济发展和国防提供了优越的自然条件。罗马尼亚地形主要有以下几个特点:

　　(1) 地势中间高,四周低,形成阶梯状,好似一个倒放的盘子,全国平均海拔约为400米。海拔最高的一级台阶是喀尔巴阡山脉;山脉四周是众多的高原和丘陵,形成了第二级台阶;最低一级则是平原和三角洲。

　　(2) 地形分布体现了对称性。国家的地理中心在特兰西瓦尼亚高原东南部与喀尔巴阡山脉的接合处。环绕该中心区域的喀尔巴阡山脉的走向形如开口朝西北方向的"V"字,南喀尔巴阡山脉和东喀尔巴阡山脉成为大致相等的"V"字的两边;南喀尔巴阡山脉以南的罗马尼亚(瓦拉几亚)平原和东喀尔巴阡山脉以东的摩尔多瓦平原则组成一个更大的"V"字。

　　(3) 各种地形分布均匀,海拔在800米以上的山地、海拔介于200~800米的丘陵与高原,以及海拔在200米以下的平原分别占国土面积的31%、36%和33%。

二、地貌类型

罗马尼亚拥有几乎所有种类的地貌——山地、丘陵、台地、高原、山谷、盆地、平原等。

1. 山地

罗马尼亚境内的主要山脉均属于喀尔巴阡山脉。喀尔巴阡山脉是中东欧的一条重要山脉，为阿尔卑斯山的延伸，最北段起始于奥地利，向东经过捷克、波兰、乌克兰后折向东南，自正北进入罗马尼亚境内，在罗马尼亚境内的部分约占该山脉总面积的2/3。山脉在罗马尼亚中部呈弧形弯曲，类似臂肘的形状，绵延数百千米后在国土的西南部出境，面积占全国总土地面积的22%且贯穿整个国土，堪称罗马尼亚的脊梁。境内喀尔巴阡山脉山体的海拔在500～2 544米之间，平均海拔约为1 000米。山脉的纵深部为中山，边缘属于中山与低山的过渡地带，更外围的喀尔巴阡地带则是丘陵和台地。

喀尔巴阡山在罗马尼亚境内分为东喀尔巴阡山脉、南喀尔巴阡山脉和西喀尔巴阡山脉。

东喀尔巴阡山自罗马尼亚国境北部和西北部向南延伸至中部，在布泽乌附近向西弯曲，抵普拉霍瓦河谷的巴尤山，整体走向大致为西北—东南。山脉由几列大致平行，间有许多河谷、凹地的山脊组成，西侧有火山。多数山峰的海拔为1 000～1 500米，一些山峰的海拔可达到2 000米左右。该山脉的最高峰是北端罗德纳山的彼得罗苏峰，海拔2 303米。东喀尔巴阡山脉的山脊和峰顶一般较平，山坡多森林。山体主要由火山岩、中生代结晶岩、砂岩和页岩组成，有色金属矿和矿泉资源富集。在山脉的中部和西侧，有欧洲最长的火山链，由第三纪晚期喷发后停止活动的火山组成，著名的火山有奥阿什山、古特伊山、克利马尼山、古尔久山、哈尔吉塔山等。

南喀尔巴阡山脉东起普拉霍瓦河谷的布切基山，西至多瑙河铁门峡谷处的巴纳特山，南与巴尔干山脉隔多瑙河相望。该山脉为冰川地形，锯状山峰连绵起伏，冰斗、冰湖众多，与阿尔卑斯山脉地形相似，故有"特兰西瓦尼亚的阿尔卑斯山"之称。山脉主要由结晶岩、片麻岩和石灰岩组成。南喀尔巴阡山脉是喀尔巴阡山在罗马尼亚境内平均海拔最高的一段，全国5座海拔超过2 500米的山峰均属于该段山脉，此外还有许多山峰的海拔超过2 200米。

西喀尔巴阡山脉横贯罗马尼亚西部，是喀尔巴阡山系的支脉，东邻特兰西瓦尼亚高原，北起索梅什河，南至多瑙河。该山脉岩性复杂，沉积岩、火山岩和结晶岩各种岩石间杂，还有石灰岩喀斯特地貌发育。海拔要低于南喀尔巴阡山脉和东喀尔巴阡山脉，最高点是比霍尔山的大库尔库伯塔峰，海拔为1 849米。

罗马尼亚海拔2 500米以上的山峰有5座：弗格拉什山的摩尔多韦亚努峰，海拔为2 543米；弗格拉什山的内戈尤峰，海拔为2 535米；帕伦格山的大帕伦格峰，海拔为2 518米；雷泰扎特山的佩莱亚加峰，海拔为2 509米；布切基山的奥穆峰，海拔为2 507米。

2. 高原和丘陵

罗马尼亚多山的中部地区与周边平原之间的过渡地带分布着高地和丘陵。特兰西瓦尼亚高原为东、南、西喀尔巴阡山组成的巨大弧形所环抱，在肘状的喀尔巴阡山的"臂弯"之内。它东与摩尔多瓦平原隔东喀尔巴阡山为邻，南与罗马尼亚平原隔南喀尔巴阡山相接，占据罗马尼亚中部与西北部的大部分面积。特兰西瓦尼亚高原的地势自东向西倾斜，丘陵河谷相间，呈波状起伏，坡度和缓，谷地宽阔，林木葱茏。

3. 平原和三角洲

罗马尼亚最重要的平原是南部广阔低平的罗马尼亚平原，也称瓦拉几亚平原，又叫多瑙河下游平原。它北起喀尔巴阡山前丘陵地带，南至多瑙河，东南长约400千米，宽约120千米，地势西北高，东南低，多肥沃黑土和栗钙土，是重要的农业区，有"罗马尼亚粮仓"之美誉。其他主要平原还有：罗马尼亚东北部的摩尔多瓦丘陵在接近普鲁特河处逐渐过渡为呈带状分布的狭窄平原，称摩尔多瓦平原；罗马尼亚西部有蒂萨平原，与匈牙利及塞尔维亚接壤。

多瑙河三角洲是欧洲面积最大、最重要的三角洲，总面积为5 050平方千米，绝大部分在罗马尼亚境内（4 340平方千米）。由于多瑙河带来的泥沙淤积在河口处，多瑙河三角洲的面积不断扩大，平均每年扩展40余平方米。三角洲由多瑙河入海前分成的三条支流冲积而成，是罗马尼亚形成最晚的陆地。三角洲地势在全国最低，大部分地方的海拔不超过4米，平均海拔只有0.52米。

第四节　地质

　　罗马尼亚中部一带被一系列的山脉占据，形成一个庞大的自然壁垒。北部、东部、南部为喀尔巴阡山脉，西部为阿普塞尼山脉，这些山脉包围着的洼地，称为特兰西瓦尼亚洼地。

　　在阿普塞尼山脉的西部有一大平原，从罗马尼亚西部一直延伸到阿尔卑斯山麓，这就是潘罗尼安洼地。

　　喀尔巴阡山脉以其沉积相的不同和褶皱形式的区别，可分为两大构造单位：位于东部及东南部的东喀尔巴阡山脉和位于南部的南喀尔巴阡山脉。在登博维察河流域内，这两大构造单位呈一构造型的接触。在喀尔巴阡山脉弧之外的区域构成许多小的丘陵，即所谓的准喀尔巴阡山脉，从地质观点来看，它属于一个大的中新-上新式的洼陷地带，其中可能有第二级及第三级构造的形成。面向南喀尔巴阡山脉的洼地称为格蒂克洼地，而面向东喀尔巴阡山脉的即为准喀尔巴阡洼地。这两个洼地的内缘经上新世的造山运动而或多或少地强烈褶皱起来，在南面没有褶皱的外缘则紧靠着前巴尔干地台，在东面则紧邻波多里克地台。这些地台在多瑙河之北的锡雷特河下游流域相接。

第五节　水文

　　多瑙河流经罗马尼亚的长度为 1 075 千米。罗马尼亚国土上蜿蜒流淌的大小数千条河川，多与多瑙河汇流，形成"百川汇多瑙"水系。多瑙河不仅灌溉着两岸的肥田沃野，也为罗马尼亚电力工业和渔业等提供了丰富的资源。多瑙河下游沿南部国界线转而流经东南部，为重要的通航河道，峡谷区水力丰富，河口区有芦苇丛生的广阔三角洲。

一、主要河湖和水资源情况

　　罗马尼亚境内共有 4 864 条河流，河流总长度约为 78 900 千米，流域面积为 23.75 万平方千米，水力资源蕴藏量为 565 万千瓦，其中水质优良和非常优良的河段长度为13 650千米。所有河流最终都直接或间接注入多瑙河。多瑙河在罗马尼亚注入黑海，是罗马尼亚境内最重要的河流，其干流长度为1 075千米，流域面积为3.3万平方千米，河口多年平均径流量约为1 710亿立方米。罗马尼亚是多瑙河流域面积最大的国家，陆地面积几乎都在多瑙河流域内。

罗马尼亚全国共有2 500多个大小湖泊，包括高山冰川湖、平原湖以及人工湖等各种湖泊类型，其中天然湖泊194个，总面积为132 713平方千米，蓄水量为11 165亿立方米。面积最大的湖泊是位于黑海沿岸的拉济姆湖，面积为415平方千米。罗马尼亚境内多年平均地下水产水量为83亿立方米，大多分布在多瑙河冲积层及其他河流的河口冲积层中。罗马尼亚全国多年平均水资源量为2 119亿立方米。2013年和2014年，罗马尼亚境内水资源总量384亿立方米，其中地表水334亿立方米，地下水产水量为47亿立方米。表1-1为罗马尼亚境内主要河流概况。

表1-1 罗马尼亚境内主要河流概况

河流名称	长度（千米）	流域面积（平方千米）
多瑙河	1 075	33 250
穆列什河	761	27 890
普鲁特河	742	10 990
奥尔特河	615	24 050
锡雷特河	559	42 890
雅洛米察河	417	10 350
索梅什河	376	15 740
阿尔杰什河	350	15 025
日乌河	339	10 080
布泽乌河	302	5 264
登博维察河	286	2 824
比斯特里察河	283	7 039
日日亚河	275	5 757
大特尔纳瓦河	246	6 253
蒂米什河	244	5 673

续表

河流名称	长度（千米）	流域面积（平方千米）
白克里什河	234	4 240
韦代亚河	224	5 430
摩尔多瓦河	213	4 299
伯尔拉德河	207	7 220
小特尔纳瓦河	196	2 071
普拉霍瓦河	193	3 738
尼亚日洛夫河	186	3 720
奥尔泰茨河	185	2 663
小索梅什河	178	3 773
苏恰瓦河	173	2 298
贝加河	170	2 362
阿里埃什河	166	3 005
特罗图什河	162	4 456

二、水资源利用情况

1. 大坝和水库

19世纪末，罗马尼亚开始开发利用水能资源，但进展缓慢，到1930年，其开发利用程度仍很低。1930—1950年，受战争影响，罗马尼亚水资源的开发利用基本处于停滞状态。20世纪60—80年代是罗马尼亚大规模开发利用水资源的黄金时期，其间共建设了181座大坝和水库，水力发电新增装机容量520万千瓦，在部分河流进行了连续的梯级开发。60年代中期开始的大规模灌溉工程建设使罗马尼亚灌溉面积大幅度增加，供水和防洪工程在这一时期也得到了跨越式发展。很多大坝兼具发电、泄洪、灌溉、水产养殖、航运、供水和娱乐等多项功能。同时，罗马尼亚的水力开发技术也得到了极大提升，很多技术当时在世界上都首屈一指。

罗马尼亚全国共有大坝246座，水库总库容约为183亿立方米，其中高度超过100米的大坝有13座，最高的为库拉-阿佩洛堆石坝，坝高168米，库容为2.11亿立方米。库容最大的水库是多瑙河上的默古雷莱-尼科普水库，坝高虽只有27米，但库容达44亿立方米，是铁门

Ⅰ号、Ⅱ号水库库容之和的近1.6倍。

罗马尼亚水坝和水库的管理部门为罗马尼亚国家大坝登记署，其管理的246座大坝坝高在5~168米之间，库容在100万~44亿立方米之间。表1-2为罗马尼亚坝高100米以上或库容5亿立方米以上水库情况表。

表1-2 罗马尼亚坝高100米以上或库容5亿立方米以上水库情况表

坝名	所在河流	坝型	最大坝高（米）	库容（亿立方米）	建成年份
库拉-阿佩洛	穆列什河	堆石坝	168	2.11	1984
维德拉鲁	阿尔杰什河	拱坝	166	4.65	1965
伊尔沃蒙特	比斯特里察河	重力坝	127	12.3	1961
马鲁卢伊	比斯特里察河	堆石坝	125	0.96	1987
锡里乌	布泽乌河	堆石坝	122	1.55	1985
维德拉-洛特鲁	洛特鲁河	堆石坝	121	3.40	1973
德拉甘	瓦卢-特拉甘卢河	拱坝	120	1.12	1984
里乌索尔	蒂古卢河	堆石坝	120	0.60	1985
切尔纳	切尔纳河	堆石坝	110	1.24	1979
帕尔蒂努尔	多夫塔纳河	拱坝	108	0.54	1971
潘西尼亚古	登博维察河	堆石坝	105	0.69	1984
勒斯托利察	勒斯托利察河	堆石坝	105	0.43	1989
铁门Ⅰ	多瑙河	重力/土坝	60	21	1971
斯坦卡	普鲁特河	重力/土坝	43	12.9	1978
铁门Ⅱ	多瑙河	重力/土坝	35	6	1984

续表

坝名	所在河流	坝型	最大坝高（米）	库容（亿立方米）	建成年份
高高苏	多瑙河	重力/土坝	30	6	1984
默古雷莱-尼科普	多瑙河	重力/土坝	27	44	1981

资料来源：罗马尼亚国家大坝登记署。

2. 防洪

春季一般是罗马尼亚洪水多发的季节，特别是在罗马尼亚的中部、西部和北部地区。罗马尼亚有记录以来最严重的洪水发生在1970年。当时奥尔特河、克里什河、穆列什河、索梅什河、锡雷特河、普鲁特河和多瑙河的洪水淹没了100多万公顷的土地，毁坏了85 500栋房屋、294家工业企业、934千米的铁路、2 843千米的道路和3 547座桥梁。

最近一次较严重的洪水发生在2010年春季，影响了全国37个县，以东北部地区最为严重，共导致23人死亡，淹没了38 614公顷的耕地、森林和草场，淹没房屋4 472栋，其中冲倒房屋246间，冲毁32条国家公路、88条省级公路和120条乡级公路，经济损失达5亿列伊（1.1亿欧元）。

为了减少洪水灾害，罗马尼亚建设了大量防洪工程，包括：加固了1 848处堤防，总长约为9 430千米；约12 400处河流堤岸，总长约为3 000千米；4 000千米长可调节水道；1 316个重要水库，总库容为140亿立方米，其中防洪库容为2 115亿立方米。此外，罗马尼亚还希望重新启动伯勒干干渠以及布加勒斯特至多瑙河运河等项目。

3. 水力发电

罗马尼亚开发利用水能资源的历史很早。早在1900年，全国已建设了21座小型水电站，总装机容量为4 550千瓦。1930年的水电总装机容量达3万千瓦，年发电量为0.175亿千瓦时。1930—1950年因为第二次世界大战导致的经济危机，罗马尼亚停止了水电站建设。1961—1970年，罗马尼亚水电装机容量增加96万千瓦；1971—1980年，新增水电装机容量213万千瓦，其中包括铁门水电站的投入运行和奥尔特河的开发；1981—1990年，新增水电装机容量211万千瓦；1991—2000年，新增水电装机容量4 512万千瓦。到2002年，罗马尼亚水电总装机容量为60 819万千瓦，水电年发电量为159亿千瓦时，占全国总发电量的35%，水电开发程度为59%。

罗马尼亚最大的水电站是铁门水电站，总装机容量为210万千瓦，年发电量为110亿千瓦时，其中罗马尼亚拥有装机容量105万千瓦，年发电量为52 154亿千瓦时。其次是洛特鲁河上的西恩吉特水电站，水头809米，装机容量为51万千瓦。自20世纪60年代开始，罗马尼亚在一些河流上连续建设中型梯级电站。现已进行梯级开发的河流有锡雷特河支流比斯特里察河、阿尔杰什河和奥尔特河中游河段。

截至2016年9月，罗马尼亚全国水电总装机容量约为67 190千瓦，占罗马尼亚全国总发电装机容量的三分之一。罗马尼亚全国共有767个水电站，其中绝大多数（621个）为单台装机容量在10兆瓦以下的小水电站，小水电的总装机容量为11 250万千瓦，大型电站的装机容量近55 940千瓦。水电年发电总量约为62.8亿千瓦时。

4. 灌溉排水与水土保持

1944年罗马尼亚全国灌溉面积仅118万公顷。1950年后开始灌溉工程的系统勘测和建设，1959年灌溉面积达到1 317万公顷。1966年罗马尼亚开始实施一项大规模的灌溉工程建设计划，修建一系列大型灌溉工程，至1985年灌溉面积达到了29 516万公顷，其中90%是喷灌。1995年罗马尼亚灌溉面积增加到31 100万公顷的顶峰，此后便开始下降，2000年下降到26 713公顷，且灌溉用水的利用效率偏低。

1995年后罗马尼亚农业用水大幅度下降，主要原因包括：土地私有化和碎片化导致浇灌方式和用水量发生变化，大量私有土地采用旱作方式，且有很多耕地撂荒；灌溉基础设施因缺乏维护而不能使用；供水的能源费用太高，不具经济可行性等。罗马尼亚大型灌溉工程主要分布在南部的多瑙河沿岸，从多瑙河及其支流取水。其主要灌溉工程包括：卡拉苏（灌溉面积19万公顷）、特拉萨-布勒伊拉（灌溉面积712万公顷）、卡拉法特-伯伊列什蒂（灌溉面积5公顷）、加拉托-克勒拉希（灌溉面积814万公顷）、萨道瓦-考拉比亚（灌溉面积8万公顷）。

罗马尼亚排水工程的历史比农业灌溉更为悠久。第一个大型排水系统于18世纪修建，位于西部平原。罗马尼亚约有800多万公顷耕地需要排水，其中400万公顷是因为降雨较大，240万公顷是因为地下水位较高。

第六节　自然资源

罗马尼亚大致位于北纬43°~49°和东经20°~30°之间，地处温带草原自然带，具有明显的温带大陆性气候特征。因此，地带性植被类型为温带阴凉林、大陆山地阴凉针阔叶混交林、中温和阴凉落叶林以及高山草甸等。

罗马尼亚拥有丰富的自然资源。罗马尼亚的主要矿产资源有石油、天然气、煤、铝土矿、金、银、铁、锰、锑、铀、铅、岩盐等。截至2016年底，罗马尼亚已探明的石油储量为1亿吨，居欧洲前列。油田主要分布在喀尔巴阡山外侧的丘陵地带，近年来在康斯坦察港以东200千米的黑海里也发现了较为丰富的石油。罗马尼亚天然气资源丰裕，截至2016年底，探明储量约为1 013亿立方米，主要分布在喀尔巴阡山内侧，即特兰西瓦尼亚高原的第三系沉积岩层中。在喀尔巴阡山和西部高原上有许多盐山，岩盐储量达30亿立方米。此外，罗马尼亚水利资源丰富，蕴藏量为565万千瓦，内河和沿海产多种鱼类。罗马尼亚森林面积为630万公顷，约占全国面积的28%；农用土地约1 477万公顷，其中耕地约945万公顷，约占国土面积的40%；草原、牧场约465万公顷，约占国土面积的20%。

一、矿产资源

1. 主要矿产资源及其储量

罗马尼亚国家矿产资源署公布的数据显示，目前，罗马尼亚尚在开采的矿产有近80种，包括石棉、矿泉水和温泉水、金、银、石英、石灰石、大理石、褐煤、钼和铀等。资源的充分利用需要巨额投资，同时取决于地质勘探、开采条件、技术水平、使用效率、环境保护等相关条件。目前罗马尼亚储量丰富且正在开采的资源主要包括：

卤盐：总储量为330亿吨，开采由政府实施，其中未开采的钾盐矿有8个，储量为5 100万吨。目前全国共发放10个开采许可证，可开采量为20亿吨。

非金属矿产：总储量为2.24亿吨，其中以石膏和长石为主。石膏矿储量为2亿吨，共有矿区32个，其中正在开发的有20个，储量为1.13亿吨。长石矿区共15个，储量为2 200万吨，其中正在开采的有4个，储量为200万吨，另外11个矿区的储量为2 000万吨。目前全国共发放25个开采许可证，开采企业全部为私营。

有用矿石：总储量为100亿吨，由53种物质组成，其中可开采量为80亿吨。目前全国共发放585个开采许可证。

大理石：25个矿区，总储量为3 700万立方米，其中可开采储量为1 500万立方米，分布在16个矿区。

石灰岩：40个矿区，总储量为5 800万立方米，其中可开采储量为1 300万立方米，分布在15个矿区。

沥青岩：资源储量为7.3亿吨，共有4个沙质沥青矿区，可开采储量2 400万吨，7个含沥青岩层矿区，可开采量为7.06亿吨。目前，所有矿区均处于未开发状态，亦未就此发放开采许可证。

煤炭：总储量约为97亿吨，分布在全国299个矿区，95%以上的开采由政府实施，共发放了53个开采许可证。

有色金属：总储量约5.1亿吨，共发放3个开采许可证，目前正在开采的只有Rosia Poieni铜矿，由政府专营。

铝矿和含铝岩石：资源储量为9 700万吨。

地下水资源：天然矿泉水每天可开采量为1.2万立方米，有治疗功效的矿泉水每天可开采量为4.8万立方米，二氧化碳矿泉水每天可开采量为1.9万立方米，温泉水每天可开采量为2.1万立方米，现有开采许可证131个。

二氧化碳气：共14个矿区，每天可开采量为2万立方米。目前共发放9个开采许可证，每天可开采量为1.9万立方米。

金矿和银矿：罗马尼亚的黄金和白银总储量约为760吨，国家银行黄金储备为103.7吨，排名世界第三十五位。罗马尼亚加入欧盟前将所有金矿关闭，至今仍未重新开采。

2. 矿产资源分布情况及其潜力

从矿产资源数量的地理分布看，罗马尼亚矿产资源主要集中在比霍尔、胡内多阿拉和克卢日三个省，其中胡内多阿拉省的资源包括安山石、硬煤、建筑用沙石、温泉、黏土、玄武岩、金、银等。比霍尔省的资源包括温泉、无气矿泉水、石灰石、多金属矿石以及金银矿等。油气资源主要位于罗马尼亚中部和南部地区。

近150年来，罗马尼亚对矿区及其潜力进行了大量勘探调查工作，遍布几乎所有的可能区域，结果令人振奋，新的矿产资源不断被发现，包括首次勘探出碲矿等。之前很长时间内，很多矿区一旦被评估认定在经济方面不具可行性即被宣布为资源耗尽或放弃开采。直至今日，由于相关勘探和开发主管部门资源有限、资金不足，仍无力对其重新进行地质评估。有关专家认为，只要在已有核心数据基础上对相关矿区资源进行重新评估，就可发掘出罗马尼亚在该领域的巨大投资潜力。

二、水资源

罗马尼亚水资源丰富，河、湖水面总面积7 160平方千米，占国土总面积的3.8%左右。虽然除多瑙河以外没有很大的河流，但水网密集且分布均匀，为工业生产、农业灌溉、内河航运和居民用水提供了极为便利的条件。多瑙河对于罗马尼亚经济的意义十分重大，充沛的水量和湍急的水流为建造水力发电站提供了良好条件；宽阔的河道和深凹的河床构成航运的干道；三角洲蕴涵丰富的渔业和芦苇资源；两岸秀丽的风光和多瑙河三角洲多彩的动植物生态环境赐予旅游业发展的良机。

为有效利用水利资源，减少洪涝灾害给生产生活带来的负面影响，罗马尼亚政府专门设立环境和水资源保护部，负责水利工作。环境和水资源保护部将全国按江河水域分布划分成11个区，分别设置水域管理委员会，并通过《水坝安全保护法》等法律，在机构和制度上建立起一套完善的管理和监控体系。

根据水质标准，罗马尼亚河流水质分为五类，分别为：Ⅰ类水（可作为饮用水等）、Ⅱ类水（可供工业和娱乐用途等）、Ⅲ类水（可用于灌溉、发电、工业冷却等），以及Ⅳ类水和Ⅴ类水。水分类标准中需监测约40种物理、化学、生物参数。

据2014年的监测结果，在罗马尼亚78 900千米长的河流中，47 008千米长的河段没有受到任何人类活动的影响。在其余的受到人类活动影响和监测的河段中，Ⅰ类、Ⅱ类水河段长19 591千米，占61.43%；Ⅲ类水河段长12 116千米，占37.99%；Ⅳ类水河段长82千米，占0.32%；Ⅴ类水河段长103千米，占0.26%。Ⅳ类水河段主要分布在雅洛米察河流域（占37%）、普鲁特河流域（占20%）和韦代亚河流域（占12%）。

1989—2014年，罗马尼亚监测河段的总体水质得到了明显改善。Ⅰ类和Ⅱ类水河段占监测河段长度的比例从1989年的35%左右增加到60%以上。水质改善的主要原因是：罗马尼亚加入欧盟后经济结构得以改善，第二产业比例下降，减少了用水量；实施了欧盟环境标准，上调了排污费征收标准，同时还提高了污水的处理率，大幅减少了污染活动。

罗马尼亚湖泊和水库的水质总体上良好。在监测的湖泊和水库中，Ⅰ类水的占比在70%，Ⅱ类水占14%，Ⅲ类水占14%，Ⅳ类水和Ⅴ类水仅占2%。

目前，罗马尼亚一共布置了约500个水质监测站。此外还有1 016个水量监测站，其中405个站点同时监测水质。

三、森林资源

罗马尼亚是欧洲森林资源较丰富的国家之一。19世纪初，森林覆盖率为65%。由于第二次世界大战以及战后大规模乱砍滥伐和毁林开垦，森林覆盖率曾一度下降至24.5%。目前，罗马尼亚森林面积约为630万公顷，森林覆盖率约为28%，森林总蓄积量为13.4亿立方米，年采伐量约为1 700万立方米。

罗马尼亚森林分布的海拔达1 650~1 800米，海拔最高的树种为欧洲云杉。海拔高处还有由山毛榉及欧洲冷杉组成的混交林。丘陵地带主要分布有栎树和针阔混交林。平原、低丘壑河流地带主要为苦栎及阔叶树混交林。

森林按功能类型分为两类：一是以发挥森林生态功能为主的防护林，约占52%；二是以生产木材为主的用材林，约占48%。按树种分，阔叶林与针叶林的比例为7∶3，阔叶树主要有山毛榉、栎树、槭树、杨树、胡桃、樱桃、赤杨、刺槐等，针叶树主要有云杉、冷杉和松树等。

第七节　行政区划

一、政区

罗马尼亚全国分为41个县和1个直辖市（首都布加勒斯特），县下设市、镇、乡。

各县名称如下：阿尔巴、阿拉德、阿尔杰什、巴克乌、比霍尔、比斯特里察-讷瑟乌德、博托沙尼、布拉索夫、布勒伊拉、布泽乌、卡拉什-塞维林、克勒拉希、克卢日、康斯坦察、科瓦斯纳、登博维察、多尔日、加拉茨、久尔久、戈尔日、哈尔吉塔、胡内多阿拉、雅洛米察、雅西、伊尔福夫、马拉穆列什、梅赫丁茨、穆列什、尼亚姆茨、奥尔特、普拉霍瓦、萨图马雷、瑟拉日、锡比乌、苏恰瓦、泰莱奥尔曼、蒂米什、图尔恰、瓦斯卢伊、沃尔恰、弗朗恰。

二、重要城市

1. 首都——布加勒斯特

首都布加勒斯特是全国的政治、经济和文化中心，也是罗马尼亚最大的城市。布加勒斯特位于罗马尼亚东南部瓦拉几亚平原中部，多瑙河支流流经市区，面积为605平方千米，人口约为228万人（2017年），是罗马尼亚的重要旅游城市。

据历史记载，布加勒斯特已有500多年的历史，1659年起成为瓦拉几亚公国首都，1862年成为统一的罗马尼亚国家的首都。1877年5月9日罗马尼亚在此宣布独立。布加勒斯特是全国最大的工业中心，工业产值约占全国的13%。工业以机械制造、化学、电子和纺织服装、食品工业为主。布加勒斯特市也是重要的交通枢纽，有国际、国内机场，四通八达的铁路和公路网包括120千米长的地铁。20世纪70年代以来，布加勒斯特兴建了大批住宅和现代化建筑，颇具代表性的建筑有凯旋门、议会宫、新闻大厦、展览中心、国家艺术博物馆、国家大剧院、音乐厅、世界贸易中心和洲际饭店等，布加勒斯特也成为罗马尼亚重要的旅游城市。

2. "黑海明珠"——康斯坦察

康斯坦察是全国最大的海滨和港口城市、康斯坦察县首府、重要的文化与教育中心，位于黑海西岸，气候温和，人口约为26万人（2017年），是罗马尼亚通往各大洲的重要门户和全国造船业中心之一，素有"黑海明珠"之称。罗马尼亚超过一半的进出口货物通过此港口转运。

康斯坦察历史非常悠久，它最初是希腊人在黑海殖民地的据点，后来被罗马人、拜占庭人占有，其名字也是在拜占庭时期确定的。由于许多民族曾在这里活动，所以康斯坦察有很多历史遗迹。其中，最著名的是公元前的古罗马人的建筑群，面积达2 000平方米，是欧洲此类型古建筑中最珍贵的文物。这里还有6世纪时热那亚人建成的雄伟的古灯塔、拜占庭人的古城堡遗址、土耳其人的清真寺、天主教大教堂，融汇了多种文化的绚丽色彩，给人无尽的历史遐想。

3. 工业中心——阿拉德市

阿拉德市位于罗马尼亚西部，与匈牙利接壤，面积为6 000平方千米。阿拉德市是从西欧入境罗马尼亚的主要枢纽，沿途有4个海关出入境口。阿拉德国际机场可以直飞布加勒斯特市，机场距市区很近。

阿拉德市的历史源于16世纪末、17世纪初土耳其人占领期间，在穆列什河岸建立的阿拉德城堡，后来成为一个重要的战略要冲及远近闻名的贸易中心。第二次世界大战后，阿拉德市成为一个重要的工业中心，成百上千的工业企业陆续出现，吸引了全国各地的商人来这里经商。由此又出现了许多新的街区及许多重要的公共建筑，如戴西亚电影院、帕克屋、文化馆、新医院、国家剧院等。风格各异而和谐的建筑，以及穆列什河河畔的自然如画的风光，构成了阿拉德市独特的魅力。现在，阿拉德市经济比较发达，工业门类比较多，主要有铁路机车及车辆制造业、精密机械制造、木材加工业、家具制造、轻工纺织、鞋类工业、贸易和服务业等。

4. 石油城——普洛耶什蒂

普洛耶什蒂位于罗马尼亚的东南部，坐落在盛产石油的普拉霍瓦河谷，距首都布加勒斯特60千米。普洛耶什蒂建于16世纪，当时是瓦拉几亚的一个集市，1856年，这里建立了第一座炼油厂。19世纪中叶迅速发展成为石油工业中心城市和铁路枢纽城市。第二次世界大战期间，普洛耶什蒂遭到严重破坏。二战后，城市迅速得到恢复，新建和扩建了许多工厂、企业，成为石油和化工中心。在开采设备不断更新的情况下，普洛耶什蒂可以提炼全国80%的石油，原油产量是原来的十几倍。经过提炼的石油通过输油管道可以送达布加勒斯特、克拉约瓦、康斯坦察等许多大城市。石油工业的发展也带动了电力、机器制造、玻璃、造纸、食品和建筑材料等行业的发展。市内设有石油学院、石油化学研究所和师范学院，并建有石油博物馆，向人们介绍罗马尼亚的石油工业发展史。

第二章 简史

罗马尼亚的祖先是达西亚-盖塔人。约公元前1世纪，布雷比斯塔建立第一个中央集权的达西亚奴隶制国家。公元106年达西亚国被罗马帝国征服后，达西亚人与罗马人共居融合，形成罗马尼亚民族。14世纪先后组成瓦拉几亚、摩尔多瓦和特兰西瓦尼亚3个公国。16世纪后成为奥斯曼帝国的附属国。1859年，瓦拉几亚公国和摩尔多瓦公国合并，称罗马尼亚，仍隶属奥斯曼帝国。1877年5月9日，罗马尼亚宣告国家独立。1881年，改称罗马尼亚王国。1918年12月1日，特兰西瓦尼亚公国宣布与罗马尼亚王国合并。至此，罗马尼亚形成统一的民族国家。第二次世界大战期间，安东内斯库政权参加德、意、日法西斯同盟。1944年8月23日，罗马尼亚举行反法西斯武装起义。1945年3月6日，罗马尼亚成立联合政府。1947年12月30日，罗马尼亚人民共和国成立。1965年国名改为罗马尼亚社会主义共和国。1989年12月改国名为罗马尼亚，定国庆日为12月1日。2004年3月29日，罗马尼亚加入北约。2007年1月1日，罗马尼亚加入欧盟。

第一节 史前时期

一、旧石器时代和新石器时代

石器时代可分为旧石器时代和新石器时代。据考古发现，在约60万年前的旧石器时代早期，人类就开始在喀尔巴阡山、多瑙河下游及黑海西岸一带繁衍生息。在罗马尼亚领土上，位于沃尔恰县的布久列

第二章 简史

什蒂的旧石器时代早期人类活动遗迹验证了这一点。在约3.5万年至3万年前，罗马尼亚从旧石器时代中期过渡到晚期，摩尔多瓦与多布罗加均发现了这一时期的重要遗存。

和别处一样，这一时期的人类居住在山洞里和河岸阶地，他们以采集果实和打猎为生。经过了旧石器时代初期阶段后，他们就以氏族为单位组成原始公社定居下来。

这个古老时期的人类化石有：胡内多阿拉地区奥哈巴波诺尔山洞里发掘的一些尼安德特人的手指骨节，胡内多阿拉地区齐奥克洛维纳山洞和克拉约瓦地区巴雅得菲尔地方发掘的两个古人类头盖骨，旧石器时代人类活动的痕迹等。

从公元前6500年左右开始，在3 000多年的时间内，多瑙河下游和喀尔巴阡山脉周围的一些新石器文化相继出现，历经繁盛与衰落。这一时期，人类开始定居，种植植物，驯化动物，发展手工艺，制作陶器和金属制品。大量的考古发现证明，新石器时代的罗马尼亚社会和宗教生活也变得成熟而复杂，尤其在新石器时代晚期，一些地区已形成了具有显著等级特征的社会，一些大型史前城市和定居点得以建立，金、铜冶炼业也得到发展。

距今约一万年前，气候变暖，人类的生产方式由采集与狩猎转变为种植和圈养，早期文明在罗马尼亚的土地上逐渐繁荣，出现了许多定居点。在这些石器时代定居点的遗迹中，已发现多种文化遗存，其中比较著名的有分布于多布罗加地区的哈曼加文化，分布于特兰西瓦尼亚地区的阿里乌什德文化，分布于蒙特尼亚地区的沃达斯特拉文化和博延文化等。较晚的则有分布于喀尔巴阡山至多瑙河两岸的古梅尔尼察文化以及分布于摩尔多瓦、特兰西瓦尼亚东南部和蒙特尼亚东北部等地区的库库特尼文化。库库特尼文化因其精巧的彩陶制作工艺而著称，与以人像雕塑为代表的哈曼加文化双蒂并秀，成为罗马尼亚最具知名度和代表性的两种新石器时代文化类型。在库库特尼文化遗址的窖藏中发现了大量的物品，包括骨制工具、铁制工具、武器、彩陶、珠宝首饰、装饰品等。除少量器物的形制模仿希腊和罗马风格外，大部分物品的风格与欧洲其他地区的同时期物品不同，体现了当时工艺水平的成熟。哈曼加遗址出土的雕像《思考者》，以其悠久的年代和古朴的艺术风格成为罗马尼亚的国宝。

❧ 二、达西亚国家的形成

公元前21世纪，属于印度-欧罗巴人种的色雷斯部族从他们原来居住的希腊色雷斯地区北上，来到巴尔干半岛北部的多瑙河流域地区定居，这一地区的生产力水平和文化类型随之由新石器时代向青铜时代过渡。居住在多瑙河流域的色雷斯部族属于北部色雷斯分支，他们与当地原有居民共处，互相融合，逐渐形成现代罗马尼亚民族的直系祖先之一——达西亚-盖塔人。自此，罗马尼亚人世代相传，在这里繁衍，生生不息。

在早期达西亚历史中，希腊对这一地区具有重要的影响。公元前7—公元前6世纪，希腊人在今罗马尼亚境内的黑海沿岸建立了几个殖民地，它们是古城希斯特里亚、托米斯和喀拉提斯，其中后两者是今康斯坦察市和曼加利亚市的前身。

达西亚-盖塔人的家园土地肥沃、物产丰饶，引起周边波斯、马其顿和罗马等大国的觊觎。达西亚-盖塔人为抵御入侵，保卫自己的独立和领土，不断与这些大国发生流血暴力冲突。在抵御外敌入侵的共同斗争中，达西亚-盖塔各部落之间逐渐形成军事同盟。同盟的指挥官通常是年长而德高望重的部落首领。公元前514年，波斯君主大流士一世发动西征欧洲的战争，推进到多瑙河流域时，遇到了达西亚-盖塔部落军事同盟的顽强抵抗。公元前4世纪，马其顿兴起，菲利普二世和亚历山大大帝多次率马其顿军队入侵，均遭达西亚-盖塔部落联盟抗击而未能征服该地区。在公元前335年多瑙河以北的马其顿-达西亚战争中，达西亚-盖塔人的军队显示了强大的军事能力，拥有约1万名步兵和4 000名骑兵。共同抵御外侮的斗争经历，促使达西亚-盖塔各部落之间的经济和感情纽带更加紧密，为日后统一国家的形成奠定了基础。

约公元前1世纪，伟大的达西亚政治领袖及军事统帅布雷比斯塔在历史上首次成功地将散居于喀尔巴阡山地区、多瑙河流域、尼斯特鲁河流域和巴尔干山等地区的达西亚-盖塔各部族统一起来，建立起第一个中央集权和独立的达西亚国家。达西亚国疆域北起北喀尔巴阡山，南至巴尔干山，西起中多瑙河盆地和斯洛伐克山地，东至黑海沿岸的奥尔比亚。为便于进行军事防御，达西亚国的中心地带建立在今特兰西瓦尼亚的奥拉什蒂耶地区,为群山所环绕,地势险峻,易守难攻。公元前1世纪至公元1世纪统一的达西亚王国存续时期,经济和文化高度发展,特别是在德切巴尔时代,国家进入鼎盛时期。

第二节　古代时期

一、罗马帝国殖民时期

公元1世纪,罗马帝国进一步扩张,从南面进攻达西亚,在多瑙河沿岸建立了多个行省,两国之间沿多瑙河的边界线长达1 500千米。罗马帝国对富足的达西亚垂涎已久,多次入侵,但在一百多年的时间里屡遭达西亚人在政治和军事上的顽强抵抗而未能得手。

公元101年3月25日,罗马正式对达西亚宣战,罗马皇帝图拉真亲率15万大军跨过多瑙河,发动第一次达西亚战争。面对强大的罗马军队,德切巴尔制订了堪称古代战争史经典的战略反击计划,率领达西亚–日耳曼–萨尔米特联盟军队避开罗马的正面进攻,从东部的多布罗加地区渡过多瑙河再向西,绕到罗马军队的背后以切断罗马远征军与罗马本土的补给联络线。图拉真得知达西亚的动向后急忙调主力部队沿多瑙河向东,以防止达西亚的背后突袭。102年,两军在多布罗加的阿达姆克里希台地相遇并发生激战,罗马在付出3 800多名官兵牺牲的惨重代价后取得胜利。这次战役是达西亚战争中最激烈的战斗,德切巴尔的部队大伤元气,只得求和。根据两国102年签订的和约,罗马获得达西亚的部分领土并派遣军队驻扎,停止向达西亚提供财政和物资援助;达西亚退还所有罗马给予的物资并拆除修建的防御工事。条约还规定,在没有罗马批准的情况下,达西亚不得与他国结盟。

德切巴尔无法忍受过于严苛的和约条款,终于在105年年初,率达西亚军队对罗马驻军展开攻击。不久,在4月4日,图拉真再次对达西亚宣战。106年夏天,罗马军队已经兵临萨尔米泽杰图萨城下,因内线向图拉真出卖了城市秘密供水线路的位置,罗马军队得以切断城市水源,达西亚人被迫纳城出降。国王德切巴尔出逃后被追击,不久自杀身亡。

在漫长的被占领时期，达西亚出产的粮食、牲畜和金银被源源不断地运往罗马帝国。罗马殖民者大批进入达西亚进行开发，修建城市、道路和桥梁。他们还曾修建一道极长的城墙，其起点在今黑海港口康斯坦察附近，穿过多布罗加，止于多瑙河岸边。修建这道墙的目的是阻止游牧民族入侵。罗马帝国占领期间，达西亚在遭受苦难的同时，也出现了一些积极因素。达西亚的经济发展水平达到新高度，农业、牧业、贸易、冶金和手工业得到全面发展。在精神和文化领域，开始了罗马化进程，这一过程在罗马尼亚人的血统、语言和风俗中留下了深刻印记。达西亚人与罗马人共居融合，二者成为现代罗马尼亚民族的共同祖先。达西亚-盖塔人是基础，罗马人则成为占第二位的成分，罗马尼亚这个名称意即"罗马人的土地"。罗马殖民者迫使达西亚人融入罗马文化，强迫其使用拉丁语。罗马人还促进了基督教的传播。5—7世纪，在这些因素的作用下，罗马尼亚民族形成，拉丁语逐步演变为罗马尼亚语。

二、后罗马时期

罗马帝国在内部危机和外部蛮族的共同作用下逐渐衰落。公元275年，罗马皇帝奥雷利安决定将罗马军队、行政机构和城市居民撤出达西亚至多瑙河以南，并在当年撤军完毕。但大多数人选择留在达西亚，同时保持与多瑙河南岸的密切联系。

4—13世纪，各种游牧部族接连不断地入侵罗马尼亚地区，包括阿瓦尔、保加尔、匈奴、库马尼亚等民族。这些入侵者在军事和政治上控制了这些地区，阻滞了罗马尼亚人的经济、社会发展和建立自己的国家。由于在这一时期，罗马尼亚境内没有统一的中央政权，入侵者又大多是游牧民族，所以记录该历史时期的文献资料非常稀少。

从公元7世纪开始到以后的几世纪里，大量斯拉夫人迁居到多瑙河下游地区，这在罗马尼亚历史上是极其重要的事情。斯拉夫人把两岸的罗马尼亚人隔离开来，并迫使南岸的罗马尼亚人迁移到巴尔干半岛的西部和东南部。迁出的罗马尼亚人与当地各民族融合，数量不断减少。多瑙河北岸的罗马尼亚人则在极其艰难的条件下顽强地生存了下来，并逐渐将定居在多瑙河以北地区的斯拉夫人同化。斯拉夫人在罗马尼亚境内虽然逐渐消融，但却留下了多种多样的物质遗产，比如村落、墓地，以及陶器、装饰品等，而且显著地丰富了当地居民的语言和文化遗产。斯拉夫语在罗马尼亚留下了深深的印记。它在古代东正教教堂中被作为宗教语言使用，并在14—16世纪成为罗马尼亚诸公国的法律和文化用语，其词汇和语音也对罗马尼亚语产生了不小的影响。近代以来，斯拉夫语在宗教、法律和文化领域的势力逐渐被罗马尼亚语所取代。

第三节　中世纪时期

一、三个封建公国的形成

罗马尼亚的封建制度始于中世纪时期，持续时间超过8个世纪。公元10世纪初，在特兰西瓦尼亚地区出现了一些初等形式的封建国家，有克内扎特、杜卡特和沃耶沃达特等。12—13世纪，这些国家的领地由特兰西瓦尼亚和多布罗加逐渐转到喀尔巴阡山南部和东部地区。

这个时期，匈牙利的不断扩张对这些小国的生存构成了很大的威胁。由于力量对比悬殊，罗马尼亚各国无力抵抗。10—13世纪，匈牙利还是逐步占领了特兰西瓦尼亚等地，但罗马尼亚人的不屈抗争为特兰西瓦尼亚争取到了自治公国的地位，其国家结构不同于匈牙利本土结构，享有高度自治权。直到16世纪被奥斯曼帝国打败，匈牙利才被迫放弃了对特兰西瓦尼亚的统治。12世纪40年代，匈牙利制定了一系列移民政策，撒克逊人和塞克勒人等日耳曼部族开始到特兰西瓦尼亚定居。这些移民政策使得匈牙利加强了对特兰西瓦尼亚的统治，进一步削弱了罗马尼亚人的势力，罗马尼亚人被迫移居到喀尔巴阡山东部和南部。与此同时，西欧的文化随着日耳曼人的到来传播到了罗马尼亚，大大加快了锡比乌、布拉索夫等城市的建设。日耳曼人还仿照西欧模式，成立了行会组织，促进了贸易的发展。

13—14世纪，除了匈牙利，同样强大的波兰和鞑靼（金帐汗国）也对黑海地区、多瑙河和喀尔巴阡山的小国构成了威胁。各个小国只有联合起来组成大公国才能生存，摩尔多瓦公国和瓦拉几亚公国也就逐渐形成了。

14世纪初期,瓦拉几亚的外部局势十分紧张,一边是匈牙利向巴尔干地区步步紧逼,另一边是鞑靼向喀尔巴阡山、多瑙河下游地区的不断扩张。1330年,匈牙利在国王查理·罗伯特的带领下入侵罗马尼亚。同年11月,长期统治瓦拉几亚的巴萨拉布亲自带领军队突袭了匈牙利军队,匈牙利军队大败。此后不久,巴萨拉布又主动与匈牙利发展友好关系,共同应对鞑靼的威胁,两国关系得到极大改善。巴萨拉布对瓦拉几亚公国的建立和发展做出了卓越的贡献。

摩尔多瓦公国于1359年被史籍记载。以喀尔巴阡山为界,摩尔多瓦公国位于今罗马尼亚的东北部,瓦拉几亚公国位于今罗马尼亚的南部。整个中世纪末期到19世纪罗马尼亚最终统一之前,摩尔多瓦、瓦拉几亚和特兰西瓦尼亚这三个公国相互独立又密切联系。

二、罗马尼亚对奥斯曼土耳其帝国的抗争

14世纪,继匈牙利和波兰之后,奥斯曼土耳其帝国成为罗马尼亚各公国的又一个威胁。在此后的几个世纪里,三个公国的人民用血肉之躯不断抗争,保卫了民族的生存和国家的独立。14世纪中期,土耳其对多瑙河下游虎视眈眈。1386年,米尔恰担任瓦拉几亚公国大公,联合波兰和匈牙利形成反奥斯曼阵线。1411年,米尔恰帮助穆萨登上奥斯曼土耳其帝国的王位,但仅维持了两年。1413年,穆罕默德一世继位。土耳其又开始对瓦拉几亚进行军事进攻。由于两国实力悬殊,1415年,米尔恰被迫同意此后每年向奥斯曼土耳其帝国纳贡,而奥斯曼土耳其帝国承诺不干涉瓦拉几亚公国内政。

1456年弗拉德担任瓦拉几亚大公,不久被迫和奥斯曼土耳其帝国签订了不平等条约,每年向奥斯曼土耳其帝国进贡1万金杜卡特,还要长期为苏丹的禁卫军提供兵源。随后,弗拉德展开了各种抵抗奥斯曼土耳其帝国的行动,并带领军队多次击败奥斯曼土耳其帝国军队的进攻。1462年,弗拉德在王位争夺战中被废黜,又在1476年重新夺得王位,但不久后遇害。

摩尔多瓦公国随后也被奥斯曼土耳其帝国征服并遭受了残酷统治。1457年,斯特凡大公即位。在统治摩尔多瓦长达47年的时间里,斯特凡领导人民对奥斯曼土耳其帝国进行了顽强反抗,极大地打击了奥斯曼土耳其帝国的统治,并取得了瓦斯卢伊(1475年)大捷。摩尔

多瓦也因此得到了充分的发展。1504年斯特凡大公去世后，摩尔多瓦又被奥斯曼土耳其帝国占领。

1521年，奥斯曼土耳其帝国占领贝尔格莱德。1526年，奥斯曼土耳其帝国又打败了匈牙利。摩尔多瓦公国与瓦拉几亚公国只能对其俯首称臣。之后，在1541年，特兰西瓦尼亚也承认了奥斯曼土耳其帝国的宗主权。这种状况一直持续到16世纪末，但诸公国的领土、宗教和君主并没有改变。罗马尼亚在中世纪的很长一段时间里一直维持着政治、军事和行政的自治。因此，东罗马帝国灭亡后，摩尔多瓦公国和瓦拉几亚公国依然能够维护本国的传统文化和东正教。

在此期间，三个公国有很大一部分财富流向了土耳其首都，但经济也有一定程度的发展。17世纪，三个公国先后引进玉米，丰富了粮食作物品种，进行了水果和蔬菜的品种改良，同时大力发展种植技术。罗马尼亚的农业生产水平大大提高。与此同时，采矿业也取得了很大的进步。深层矿产采用先进的生产技术挖掘。罗马尼亚的铁、铜、汞、金和银的产量大增，尤其是岩盐生产，产品远销匈牙利和巴尔干半岛其他地区。在这一时期，商业和手工业的快速发展加快了城市化的进程，城市人口也迅速增加。

黑海是连接东欧内陆和中亚、高加索地区出地中海的主要海路。罗马尼亚毗邻黑海，史料记载，古代丝绸之路在欧洲的一部分就经过罗马尼亚。中国的许多东方文化、风俗习惯，还有一些服装、丝绸制品等，都是通过这些地方向欧洲传播的。18—19世纪，贸易之路的重心由于海上航线的成功开辟从陆上转移到海上，中国的商品通过海上丝绸之路从中国南部的广州、泉州等地向欧洲和世界其他地区传输，这使得原本的陆地丝绸之路逐渐衰落，那些建在罗马尼亚东北和黑海北部的城堡逐渐衰落，失去了其原本的中欧贸易中转站的地位，不再具备战略方面的重要性，并最终永远地消失了。

第四节　近代时期

一、奥斯曼土耳其帝国的衰落与罗马尼亚的统一

17世纪，奥斯曼土耳其帝国在东、西两个方向遭受到了重创。哈布斯堡王朝在西面打败奥斯曼土耳其帝国，用武力吞并了特兰西瓦尼亚；沙皇俄国则在东面兴起，直接削弱了奥斯曼土耳其帝国对罗马尼亚各个公国的控制。东南欧局势在17世纪末发生了巨大变化，哈布斯堡王朝统治下的奥地利和沙皇俄国日益强大，奥斯曼土耳其帝国则逐渐没落。之后的150年，罗马尼亚处于这三个大帝国的夹缝中，成为沙皇俄国、奥地利哈布斯堡王朝和奥斯曼土耳其帝国的必争之地。罗马尼亚的领土被分割得面目全非。普鲁特河和尼斯特鲁河之间的摩尔多瓦领土比萨拉比亚被并入沙皇俄国；特兰西瓦尼亚、奥尔特尼亚和布科维纳被纳入奥地利的版图。

17—19世纪，有10次战争发生在沙皇俄国与奥斯曼土耳其帝国之间，沉重地打击了奥斯曼土耳其帝国对瓦拉几亚各公国的统治。这一时期，奥斯曼土耳其帝国在摩尔多瓦公国和罗马尼亚公国采用了法纳尔制度，以此来缓解其面对的重重危机，延续其统治并阻止各公国的独立，这种制度一直持续到1821年。这一时期是罗马尼亚历史上统治者最残暴、镇压最严厉的时期之一。农民被严重剥削，罗马尼亚地区出现了大量移民向外迁徙的情况，而劳动力的大量缺失也导致了大饥荒的出现。罗马尼亚各公国的封建制度自18世纪开始逐渐解体，资本主义生产关系得到发展。1821年，瓦拉几亚公国的弗拉迪米雷斯库发动了民族主义运动，结束了已经建立了一个世纪的法纳尔政权，罗马尼亚人重新任大公，一个罗马尼亚同欧洲社会、经济和政治结构直接接轨的新纪元被开创了。罗马尼亚的社会和经济发生了史无前例的变革。1829年，奥斯曼土耳其帝国和沙皇俄国签订《阿德里安堡条约》，大大削弱了奥斯曼土耳其帝国对罗马尼亚的经济控制，罗马尼亚诸公国和欧洲国家之间的自由贸易得以恢复。罗马尼亚的粮食和其他农产品进入欧洲市场，罗马尼亚境内第一批资本主义企业产生。

19世纪上半叶，通过大量吸收西欧文化，罗马尼亚各公国人民的思想和精神逐渐转向西欧。瓦拉几亚的1848年革命学习了法国1789年革命的理想，宣传自由、平等、博爱的观念。这次革命是19世纪上半叶罗马尼亚历史上最重大的事件，它促使罗马尼亚民族复兴的思想被全民接受，此后极大地影响了罗马尼亚的社会生活。

1859年，摩尔多瓦公国和瓦拉几亚公国分别在雅西和布加勒斯特举行了"特别议会"会议，从此以后，两公国统一成为一个国家。1861年，罗马尼亚被确定为新国家的国名，布加勒斯特被定为新国家的首都。1866年，新宪法颁布，君主立宪制开始在罗马尼亚实行。之后的10年时间，罗马尼亚人不断与奥斯曼土耳其帝国进行抗争，争取民族独立和国家解放。1881年3月，卡洛尔一世即位为罗马尼亚国王，一个全新的罗马尼亚王国正式成立。19世纪下半叶，罗马尼亚王国在经济和文化上都取得了极大进步。罗马尼亚开始加快工业化、城市化的进程。石油相关产业发展最快，甚至走在了欧洲和世界前列。经济快速发展带动了人口出生率的增长，罗马尼亚人口在20世纪初达到了约1 200万，这段时期还涌现出了一大批优秀的科学家和艺术大师。一直到1914年，罗马尼亚王国由保守党和自由党轮流执政，政局稳定。

1914年，第一次世界大战爆发，欧洲局势发生了巨大的逆转。19世纪中叶以来，特兰西瓦尼亚一直被奥匈帝国控制，这导致了罗马尼亚一直无法实现完全的独立和统一。第一次世界大战成为罗马尼亚完全统一不可多得的机遇。罗马尼亚在战争初期宣布中立，又于1916年宣布对德意志帝国和奥匈帝国宣战，加入由法国、英国和俄国组成的协约国一方。罗马尼亚最终成为战胜国，实现了国家的统一。1918年12月1日，特兰西瓦尼亚公国统一于罗马尼亚。至此，统一的罗马尼亚正式形成。

❧ 二、第一次世界大战结束后至第二次世界大战结束后

统一后的罗马尼亚大力发展政治、经济、社会和文化等方面，并积极发展与周边国家的关系。1920年，罗马尼亚与捷克斯洛伐克和南斯拉夫组成了小协约国，并在1934年与南斯拉夫、土耳其和希腊成立了巴尔干协约国，这是一个新的地区安全组织。1921年，罗马尼亚进

行了全国性的土地改革，1923年颁布了新宪法。1923—1938年，罗马尼亚的GDP翻了一番。1937年，罗马尼亚成为欧洲第二大石油生产国，石油产量达到了720万吨。同时，罗马尼亚也是欧洲第二大天然气和黄金生产国，第四大小麦生产国。1938年，罗马尼亚的人均国民收入超过了葡萄牙和希腊。

罗马尼亚虽然经济发展迅速，但国内各党派争夺十分激烈。罗马尼亚的党派主要有国家自由党、罗马尼亚共产党、国家农民党和铁卫军。为了维持本地区现状，罗马尼亚在两次世界大战期间实行维护国家主权和独立的外交政策，包括建立地区性国际组织、支持国际联盟的工作、推行集体安全政策，并与以英法为中心的西欧国家团结协作。

第二次世界大战的爆发使得罗马尼亚的安全环境不断恶化，20年来在政治、经济和文化建设中取得的进步也受到很大阻碍。1939年9月6日，罗马尼亚宣布中立，但给予波兰一定的支持。不过，德国在战争初期发动闪电战并取得的一系列胜利，使得罗马尼亚的外交局势更为严峻。1940年，国际局势严重恶化，罗马尼亚同样遭受到了重创。6月26日，苏联迫使罗马尼亚割让了包括比萨拉比亚、北布科维纳和黑尔察在内的大片领土。特兰西瓦尼亚西北部被德国和意大利按照1940年8月30日的"维也纳仲裁裁决"划给了匈牙利。9月7日，多布罗加南部被划给了保加利亚。面对这种内忧外患的局面，国王卡洛尔二世于1940年9月被迫退位，他的儿子米哈伊一世继承王位，政府由安东内斯库将军接管。为了得到德国和意大利的军事和外交支持，安东内斯库与有纳粹背景的铁卫军进行合作。铁卫军1941年1月21日因发动叛乱而被逐出罗马尼亚政界。安东内斯库独揽大权，成立了军政府。为了收回失去的领土，安东内斯库政府和德国结成了军事同盟，并在1941年6月22日入侵苏联。但是，安东内斯库的政策随着轴心国的失败而宣告破产。1944年8月20日，苏联军队大举进攻摩尔多瓦，罗马尼亚国王米哈伊一世只能下令逮捕了安东内斯库，并在8月24日对德国宣战，在匈牙利战场、捷克斯洛伐克战场做出了巨大牺牲。1944年8月23日之后，罗马尼亚共产党为夺取政权和建立社会主义制度进行了斗争。1944年10月12日，罗马尼亚共产党、社会民主党、统一工会和"农民阵线"联合成立了国家民主阵线。1945年3月6日，以格罗查为首的联合政府在罗马尼亚成立，国家的实际领导力量是罗马尼亚共产党。至1947年底，罗马尼亚已有80多万共产党人。1947年，罗马尼亚进行了国有化改造，主要针对国家银行进行了货币改革，并朝着中央计划经济的道路前进。但1947年2月10日签订的《巴黎和约》不仅拒不承认罗马尼亚参战国地位，还让罗马尼亚支付了3亿美元的巨额战争赔款。《巴黎和约》只规定了特兰西瓦尼亚东北部重新回归罗马尼亚，而多布罗加南部仍属于保加利亚，比萨拉比亚和北布科维纳仍被苏联控制。12月30日，罗马尼亚君主制被最终废除，罗马尼亚人民共和国宣告成立。

第五节　现代时期

一、计划经济时期

1948年，罗马尼亚人民共和国选出了最高国家权力机关——大国民议会，主席团是其最高领导机构。1948年4月13日，《罗马尼亚人民共和国宪法》在大国民议会通过。1952年9月24日，新宪法再次通过，罗马尼亚工人党的领导地位确立，同时规定了国家最高权力机关是国务委员会。罗马尼亚工人党1965年6月改名为罗马尼亚共产党，并选举齐奥塞斯库为罗马尼亚中央总书记，8月21日，罗马尼亚人民共和国更名为罗马尼亚社会主义共和国。

发展同其他社会主义国家的友好关系一直都是罗马尼亚人民共和国建国初期外交政策的重点。1948年，罗马尼亚和苏联签订了友好、合作与互助条约。另外，罗马尼亚还和匈牙利、保加利亚、捷克斯洛伐克、波兰签订了合作协议。

1951—1989年，罗马尼亚实施了优先发展重工业的经济政策，制定了多个五年发展规划，经济得到了一定程度的发展。这一时期一些新的工业门类得以建立，如采矿设备、石油、农机和载重汽车生产部门等，机器制造业以及化学工业同样得到了快速发展。

1958—1960年，罗马尼亚将外交重心渐渐转向西欧，同西欧国家贸易往来频繁，还签署了一系列经济协定。1961年，罗马尼亚和英、法两国建立大使级外交关系。1962—1964年，罗马尼亚在中苏论战中公开支持中国，加强了与中国之间的政治、经济等多方面合作。

1967年起罗马尼亚实行了一系列政策，包括：由国家向建造私有房屋者提供贷款；允许人员向国外流动；给予企业较大的自主权等。这一系列措施使得教育部门成绩显著，文化传统也很快得到了恢复。20世纪60年代和70年代，罗马尼亚缓和并发展了同美国的关系，加强与西方的接触，并且奉行独立的外交政策。罗马尼亚1971年加入关税与贸易总协定，1972年加入世界银行和国际货币基金组织，1973年获得欧洲共同市场贸易优惠国待遇。在1965—1975年这10年间，罗马尼亚的国内外政策都比较宽松，国家的经济、政治和社会等各方面都发展较快。

20世纪70年代初，齐奥塞斯库与国家其他领导人产生了较大的政治分歧，集体领导的原则逐渐被放弃。齐奥塞斯库在经济领域大力发展重工业，借取大量外债，大量农村劳动力转向工业领域。

20世纪80年代初，罗马尼亚已经开始有经济危机的征兆。不过在科学和文化领域，罗马尼亚涌现出了一批基础科学研究成果和非常有价值的历史著作。在外交领域，罗马尼亚不断参与国际事务的处理，国际声誉显著提升。80年代中后期，罗马尼亚同苏联的关系不断恶化，外交方面渐渐被孤立。80年代末，齐奥塞斯库政权摇摇欲坠，人民的不满情绪日积月累。1989年12月25日，以伊利埃斯库为首的罗马尼亚救国阵线接管了一切国家权力，结束了齐奥塞斯库长达25年的统治，并且实行多党制，回归西欧的政治、经济和文化体系。

二、市场经济时期

这一时期是罗马尼亚从计划经济向市场经济过渡的时期。过渡初期罗马尼亚经济有所下滑，直到1993年才开始回升。2000年，罗马尼亚宏观经济逐渐稳定，在其后几年，GDP实现稳步增长。十几年的经济改革之后，罗马尼亚的经济结构发生了明显好转，商业和服务业所占比例大大增加，私营部门产值占国内生产总值比例大幅增长。同时，罗马尼亚也吸引了大批外资企业。

2004年3月29日，罗马尼亚加入北约。2007年1月1日，罗马尼亚加入欧盟。这一时期罗马尼亚的对外政策倾向于西方国家。

罗马尼亚对"一带一路"倡议表现出了极大的热情。2015年3月

12日，时任罗马尼亚驻华大使多鲁·罗目鲁斯·科斯泰亚在中国人民大学"一带一路"讲座上表示，"一带一路"传承着具有两千多年历史的古代丝绸之路精神，但它又很年轻，这是因为"一带一路"诞生于全球化的新时代。科斯泰亚大使用地图说明罗马尼亚是连接亚欧大陆的桥梁，他认为"一带一路"不仅可以让罗马尼亚实现自身价值并带来经济回报，同时对许多其他国家也大有益处。

第三章 政治

第一节 国家标志

国名:中文名称为"罗马尼亚";英文名称为"Romania";罗马尼亚语为"România"。

国旗:罗马尼亚国旗呈长方形,长与宽之比为3:2。由三个平行相等的竖长方形组成,从左至右依次为蓝、黄、红三色。蓝色代表风度、愿望、高贵和美丽,象征蓝天和空气;黄色代表力量、财富和纯洁,象征丰富的自然资源;红色代表光荣,象征人民的勇敢和牺牲精神。

国徽:为盾徽。蓝色大盾面上有一只红嘴红爪的金鹰,鹰嘴街着一个十字架,两爪分别握着一把银剑和一个银色权杖。鹰胸前有一面小盾,盾面分五部分:左上角为蓝地上绘一只金鹰,鹰头两侧为金色的太阳和月亮,这个图案是瓦拉几亚公国的徽标;右上角为红地上绘

灰色的公牛头，牛角之间是一颗金色五角星，牛头两侧为银色玫瑰花和月牙，这是摩尔多瓦公国的徽标；左下角为红地上绘金色双孔桥和前爪紧握银色大刀的金狮，此为巴纳特及奥尔泰尼亚地区的徽标；右下角的图案被一红条分为上下两部分，上半部为蓝地上一只金嘴灰鹰和金色太阳、银色月亮，下半部为金地上绘七个红色雉堞，这是特兰西瓦尼亚、马拉穆列什及克里沙纳地区的徽标；下方的楔形部分为蓝地上绘两条尾部朝上的金色海豚，象征黑海地区。

国徽的设计与罗马尼亚的文化有关，罗马尼亚人民对鹰有独特的感情。罗马尼亚境内多山区和高原，鹰也多，在城市宽阔的街道旁、幽静的公园里，甚至儿童游乐场里，到处可见姿态各异的鹰的雕塑，在博物馆、文化宫中，鹰的踪迹俯拾皆是。罗马尼亚人酷爱鹰，爱它敏锐的目光，坚韧不拔和灵活机智的性格。整个国徽图案是主权独立、统一、不可分割的罗马尼亚民族国家的象征。

国歌：《觉醒吧，罗马尼亚人》是罗马尼亚的国歌，于1848年革命期间所作，原名《回声》，作词者是安德烈·穆雷尚（1816—1863），作曲者是安东·帕恩（1796—1854）。1848年7月29日，这首歌首次被演唱，并立刻被接受为革命的颂歌，名字也被改为现名。1989年后，这首歌成为罗马尼亚国歌，代替了原国歌《三色旗》。

国花：罗马尼亚的国花为白蔷薇。白蔷薇象征着幸福、纯洁、真诚，被喜爱花卉的罗马尼亚人所钟情，他们将白蔷薇作为自己民族热情、纯洁、真挚、高贵、朴素和丰收的象征。每年收获的季节，罗马尼亚人民都会举国欢庆，年轻美丽的罗马尼亚姑娘们会纷纷戴上白蔷薇花环，载歌载舞，庆祝丰收。

第二节 宪法

罗马尼亚在1989年东欧剧变之后，废除了1965年罗马尼亚社会主义共和国宪法。1990年3月，28名专家组成制宪委员会，制定出宪法草案并提交议会审阅。经过一年多的争论与修改，1991年11月21日，罗马尼亚议会立宪会议以414票赞成、95票反对通过了新宪法。1991年宪法是罗马尼亚建国以来的第七部宪法。2003年，议会对这部宪法进行修改补充。2003年修改后的宪法共有八章，八章的标题分别是：第一章总则；第二章基本权利、自由和义务；第三章公共机构；第四章经济和公共财政；第五章宪法法院；第六章融入欧洲-大西洋一体化结构；第七章宪法的修改；第八章最终章节和临时条款。

宪法规定的主要原则有：罗马尼亚是主权、独立、统一和不可分割的国家，政体为共和制。罗马尼亚是民主和法治国家，视人的尊严、公民权利和自由、人之个性的自由发展、正义和政治多元化为最高价值，并予以保障。国家的组织遵循立法、行政和司法三种权力分离与平衡的原则。

在罗马尼亚，对宪法和法律的遵守是强制性的。国家主权属于罗马尼亚人民，通过其代表机关及公民投票行使，任何团体和个人均不得以自身名义行使主权。罗马尼亚领土不可侵犯，外国人不得在罗马尼亚国家领土上非法移民或殖民。

罗马尼亚是不分种族、民族、人种起源、语言、宗教信仰、性别、政见、政治派别、财产或出身的所有公民共同的、不可分割的祖国。国家承认并保障少数民族发展其种族、文化、语言和宗教特性的权利，国家为少数民族发展其特性而采取的保障措施必须符合少数民族同其他罗马尼亚公民之间关系的平等原则和不歧视原则。

罗马尼亚的社会多元化是立宪民主的条件和保障。政党依法建立并开展活动，在遵守国家主权、领土完整、法律秩序及民主原则的基础上帮助公民明确并表达其政治意愿。工会根据法律并按照其章程成立和开展活动，工会维护职工权利，为职工谋求职业、经济和社会利益。

罗马尼亚在国际法公认的原则及其他普遍准则的基础上，与所有国家保持并发展和平关系，并在此范围内保持和发展睦邻关系，国家必须严格和忠实地履行已签署的国际条约中所规定的义务。

宪法还对以下内容做出规定：国家标志；人的基本权利、自由和义务；公共机构（议会、总统、政府、武装力量和司法机构等）的设置、结构、组织和职能；经济体制；宪法法院的设置及职能；欧洲-大西洋一体化进程；宪法的修改原则。

罗马尼亚设有宪法法院，它是确保罗马尼亚宪法至高无上性的机构。罗马尼亚宪法法院成立于1991年，由9名法官组成，每届任期九年，不得延长任期或连任。9名法官由参议院、众议院和总统各任命3名。宪法法院的法官在任期内的工作是独立的，不得被罢免。宪法法院的主要权力有：裁决法律、条约和国际协定、议会的命令等是否符合宪法；监督总统选举是否符合程序，并对选举结果予以证实；检查是否存在必须由别人代行总统职权的实际情况；就暂停总统职务的建议提出咨询性意见；监督公民投票的组织和投票过程是否符合程序；审核公民行使立法建议权的条件是否完备；就有关某政党合宪法性的争议做出裁决。

第三节 政党

一、政党沿革

罗马尼亚于19世纪60年代后期出现政党。1948—1989年实行罗马尼亚工人党（后改称共产党）执政的一党制。1989年实行多党制。

罗马尼亚最早的政党是1867年成立的代表地主阶级利益的保守党。1875年代表资产阶级利益的国家自由党出现后，形成由保守党和国家自由党轮流执政的两党制。在1875—1919年，保守党执政14年，国家自由党执政30年。1922年，保守党因内部斗争自行瓦解。1881年5月，在特兰西瓦尼亚地区成立了一个代表资产阶级利益的政党——罗马尼亚民族党，该党于1892—1894年领导了"备忘录运动"，在1919年11月的大选中获得议会多数席位，成为主要执政党之一。

罗马尼亚工人阶级的政党产生于19世纪末。1893年以科学社会主义的基本原则为指导思想的罗马尼亚社会民主工党成立。1899年其因部分领导成员脱党而自行解散。部分党员于1910年建立罗马尼亚社会民主党，1918年改名为罗马尼亚社会党。1921年5月，罗马尼亚社会党转变为罗马尼亚共产党，并加入第三国际。同年6月，部分社会党领导人另成立社会党联盟。1927年5月，在社会党联盟的基础上，社会民主党成立。在第二次世界大战期间，社会民主党曾同罗马尼亚共产党建立工人统一阵线组织，并参加了1944年8月23日的武装起义。此后，社会民主党左翼与罗马尼亚共产党一起同社会民主党右翼进行斗争。1948年2月社会民主党与罗马尼亚共产党合并，改称罗马尼亚工人党。

1918年12月代表富裕农民利益的农民党成立。1926年，农民党同民族党合并组成国家农民党，主要代表中产阶级、城乡小资产阶级和部分大地主大资产阶级的利益。1928—1933年国家农民党多次执政，曾镇压工人运动。1944年6月，国家农民党和国家自由党加入由罗马尼亚共产党倡议建立的民族民主同盟，共同进行反法西斯斗争。1944年8月23日武装起义后，国家农民党反对进行根本变革，拒绝接受民族民主阵线纲领，成为国内反动派的主要支柱，于1947年被解散。国家自由党也于同年宣布停止活动。

1948—1989年，罗马尼亚只有罗马尼亚工人党（后改为共产党）一个政党，并由该党长期执政。1989年12月，国内政局变化，齐奥塞斯库政权被推翻，救国阵线委员会接管政权，并宣布实行多党制。此后，代表各种政治主张的政党纷纷成立，到1990年5月大选前，登记注册的政党达100多个，其中主要的有救国阵线、国家农民-基督教民主党、国家自由党、罗马尼亚匈牙利族民主联盟、社会民主党等。5月大选后，救国阵线成为议会中第一大党而组阁执政。

二、主要党派

1989年12月22日以来，罗马尼亚实行多党制。主要政党如下：

社会民主党，为罗马尼亚执政党。前身是成立于1989年12月的救国阵线，主要由干部和知识分子组成。1992年3月救国阵线分裂，其中左翼力量于同年4月成立民主救国阵线，1993年7月改称罗马尼亚社会民主主义党。2001年6月，该党与非议会政党社会民主党合并，改用现名。社会民主党为左翼政党，其基本价值准则是自由、社会公正、正义、团结、责任和管理精神。2003年7月，社民党与社劳党合并；10月，社民党被社会党国际接纳为正式成员。2015年6月，社民党加入欧洲社会党团。该党约有党员50万人。党主席为尼古拉·利维乌·德拉格内亚。

国家自由党，为罗马尼亚议会第二大政党。始建于1864年，1990年1月重建，后来经过几次分化与组合。2001年1月，该党主流派与非议会政党联盟党合并，保留了国家自由党的名称。2003年4月，该党与右翼力量联盟合并。该党曾为欧洲自由党成员，2014年6月加入欧洲人民党团。同年7月，国家自由党和右翼政党民主自由党合并。该党约有党员42.7万人，党主席为卢多维克·奥尔班。

拯救罗马尼亚联盟，成立于2015年7月，原称拯救布加勒斯特联盟，2016年8月更名为拯救罗马尼亚联盟。主张推动政策公正透明和国家现代化。党主席为尼库绍尔·达恩。

自由民主联盟，前身为2014年8月成立的自由改革党，2015年6月同保守党合并后成立自由民主联盟，同年11月加入欧洲自由党团，主张推动自由经济和市场经济。党主席为克林·波佩斯库·特里恰努。

罗马尼亚匈牙利族民主联盟，成立于1989年12月，1999年加入欧洲人民党团。主要宗旨是代表在罗马尼亚匈牙利族人的利益，保护匈牙利族的文化。党主席为凯莱曼·胡诺尔。

人民运动党，成立于2013年7月。2014年9月加入欧洲人民党团。2016年7月，同全国进步联盟合并。该党派主张基督教民主和自由主义。党主席为特拉扬·伯塞斯库。

第四节　议会

按照1991年宪法，议会是罗马尼亚人民最高代表机构和唯一立法机构，是罗马尼亚宪政和法制的最主要体现。罗马尼亚议会为两院制，由参议院和众议院组成。参议院在政治上代表地方行政机构，并具有对外政策职能，就有关地方行政机构以及国际条约和协定等事宜，或者与对外政策有关的事宜做出决定；而众议院则在所有其他立法方面享有决定性投票权。议员由普选产生，任期四年。参议院和众议院自行选举一个常设局，议长兼任常设局主席。参议院和众议院的常设局各有13名成员。本届议会于2016年12月经普选产生，共有465名议员，众议院为329名，参议院为136名。

一、议会机构

两院自行选举一个常设局，议长兼任常设局主席，还有4名副主席、4名秘书长和6名财务行政官（参议院2名、众议院4名）。常设局其他成员在每届例会开始时由议会党派提名选举。参议院的常设委员会有15个，众议院的常设委员会有17个。

参议院常设委员会有：
（1）司法、命名、纪律、豁免和资格审查委员会；
（2）经济委员会；
（3）私有化委员会；
（4）预算、财政和金融委员会；
（5）农业、食品工业和林业委员会；
（6）对外政策委员会；
（7）国防、公共秩序和国家安全委员会；
（8）人权、信仰和少数民族委员会；
（9）劳动和社会保障委员会；
（10）教育、科学和青年委员会；
（11）文化、艺术和大众传媒委员会；
（12）公共行政和地区组织委员会；
（13）调查滥用职权、打击腐败和请愿委员会；
（14）卫生、生态和体育委员会；
（15）男女机会均等委员会。

众议院常设委员会有：
（1）经济政策、改革和私有化委员会；
（2）预算、财政和金融委员会；
（3）工业和服务业委员会；
（4）农业、林业、食品工业和特殊服务业委员会；
（5）人权、宗教和少数民族问题委员会；
（6）公共行政、国土整治计划和生态平衡委员会；
（7）劳动和社会保障委员会；
（8）卫生和家庭委员会；
（9）教育、科学、青年和体育委员会；
（10）文化、艺术和大众传媒委员会；
（11）司法、纪律和豁免委员会；
（12）国防、公共秩序和国家安全委员会；
（13）对外政策委员会；

（14）滥用职权、腐败和请愿调查委员会；
（15）议事日程委员会；
（16）信息技术和通信委员会；
（17）男女机会均等委员会。

此外，参议院和众议院还根据需要分别建立调查委员会或其他专门机构，还可成立两院联合委员会，参议员和众议员可按各自规章组织议员团。

二、议会选举

参议院和众议院议员人选通过普遍、平等、直接、无记名和自由投票选举产生。各党派向县选举办公室提交参、众两院的候选人名单，参、众两院的候选人由县选举办公室、中央选举办公室或最高法院进行资格审查。每届任期四年，在战争或受灾情况下，可通过组织法予以延长。参议院和众议院自任期届满或议会解散起3个月内进行选举。在议会选举中，一个政党的得票率超过5%即可进入议会。

第五节　总统

总统是罗马尼亚的国家元首。总统代表国家，同时也是国家独立、统一和领土完整的保证。罗马尼亚现行宪法规定，总统在任期内不能是某个政党的成员，也不能担任任何一项公职或私职。总统享有豁免权，同时不必为在任期中表决和阐述的政治主张负法律责任。

总统的主要职权包括：负责监督宪法是否得到遵守以及官方机构是否尽职，并为此在国家权力机关之间以及国家和社会之间进行调解；在同议会协商后，可以要求人民通过公民投票表达其对有关国家利益问题的意愿；在对外事务中，代表罗马尼亚签署由政府谈判达成的国际条约；根据政府的建议任命并召回罗马尼亚外交代表并批准成立或解散外交使团以及改变外交使团的等级；接受外国使团递交的国书。在国防事务中，总统同时担任军队总司令和最高国防委员会主席职务；经议会事先批准，可以宣布军队部分动员或总动员；在国家受到武装侵略的情况下，采取击退侵略的措施并立即通知议会；依法在全国或某些地方实行戒严或宣布紧急状态；可以授予勋章和荣誉称号，授予元帅等军衔；依法任命官员；批准个别减、免刑；向议会提交有关国家主要政治问题的咨文。

总统还有一些直接涉及同政府和议会关系的职权。在政治事务方面，总统负责选定一名总理候选人，由议会对内阁成员投信任票；在政府改组或职位空缺的情况下，总统参照总理的提议撤销或任命某些政府成员；总统可以就紧急问题或极其重要的问题同政府进行协商；总统可以出席政府讨论有关对外政策、国防、维护公共秩序等涉及国家利益的会议，也可应总理要求出席其他会议，并主持总理参加的政府会议。

在同议会的关系中，总统可以解散议会，议会也可以对总统提出指控。总统解散议会的条件是：议会在总统第一次提出要求之日起60天内未就政府组阁投信任票，并至少两次拒绝总统要求。一年中，议会只能被解散一次。在总统任期的最后六个月，以及在戒严或紧急状态下不得解散议会。议会则可在两院联席会议上，以参议员和众议员人数2/3的票数决定对总统的严重失职提出指控，并由最高法院进行裁决。总统在终审判决之日起，即被剥夺权力。总统如果有严重的违反宪法行为，则议会两院联席会议在同宪法法院协商之后，以议员多数票进行表决，暂停总统职务，总统有权就其被指控的行为向议会做出解释。占总数1/3以上的议员可以联合提出停止总统职务的建议，在建议被通过后30天内，组织有关解除总统职务的公民投票。

总统通过普遍、平等、直接、无记名和自由投票全民选举产生，总统候选人大选前由罗马尼亚中央选举办公室确认后经宪法法院进行资格审查后方可参加竞选。罗马尼亚总统每届任期为五年（2004年之前为四年），经选举可连任两届，但不得超过两届。总统自宣誓之日起履行总统职权，任期至新当选总统宣誓时结束。总统任期在战争或受灾情况下，通过组织法可以予以延长。罗马尼亚现任总统为克劳斯·约翰尼斯，于2014年12月当选。

第六节　政府

一、政府的产生及政府职能

罗马尼亚总理由总统提名，总统在提名前要同议会中占多数席位的政党进行协商，在没有占多数席位政党的情况下，同拥有议会席位的各政党进行协商。总统要求议会在他指定总理人选后10天内，就政府工作计划和内阁名单投信任票。参议院和众议院举行联席会议讨论政府工作计划和内阁名单，以多数票决定是否通过对政府的信任状。

政府的职能是依照经议会批准的施政纲领，确保国家对内对外政策得以实行，并对公共行政工作进行全面领导。政府在履行职能的过程中，同相关的社会机构进行协作。

政府颁布决定和命令，或颁布有关实施某项法律的决定，或根据某项特别法律发布命令，以及发布政府令和紧急政府令。政府的决定和命令由总理签署，并由相关部长副署。政府的决定和命令在《罗马尼亚官方公告》上公布生效，而带有军事性质的决定只向有关部门通告。

二、政府与议会的关系

按照宪法规定，议会是立法机关，是国家最高权力机构，而政府是法律的代表，是执行机构，议会负责制定法律和制度框架，政府负责技术和组织工作。政府及其他公共机构向议会提供其所要求的资料和文件；在议会的要求下政府成员必须出席议会会议；政府及其成员必须回答参议员和众议员提出的问题和质询，议会则以通过动议的形式就其所质询的问题表明立场；参议院和众议院可以以多数票撤销其对政府的信任状；政府在参议院和众议院联席会议上，可以就某项计划、某项政策声明或某项法律草案承担责任；议会可通过一项特别法律，授权政府发布组织法范围外的命令；在特殊情况下，政府可发布紧急命令，但该命令只有在议会批准后才生效；议会可以通过一项法律批准或驳回政府的命令。议会通过信任状后，政府任期自政府各成员宣誓之日开始，至议会选举之日停止。

三、地方行政机构

乡（镇）、市等行政单位实行地方自治，其公共行政机关是依法选举产生的地方委员会和选举产生的乡（镇）长、市长。

各县、布加勒斯特市的公共行政机关是县、布加勒斯特市委员会，经选举产生。县、布加勒斯特市委员会与其下属乡（镇）和市委员会相协作，代表县、布加勒斯特市的利益开展行政管理工作。

中央政府向每个县和布加勒斯特市派遣一名行政长官，作为中央政府在地方的代表，指导政府各部和其他中央行政机关在地方的分支机构的工作。当行政长官认为地方行政机关的工作违反宪法或法律时，可以予以阻止，发生的争议交由行政法院裁决。

第七节　司法机关

罗马尼亚的司法机关有法院、检察院和最高司法委员会。

一、法院

司法工作由最高法院及依法成立的各级法院承担。罗马尼亚司法体系由四级组成：地方基层法院、中级法院、高等上诉法院、最高法院。最高法院法官经最高司法委员会推荐人选，由总统任命。最高法院院长及其他各级法院法官任期六年，一届任期过后可再次任职。司法工作以法律的名义进行，法官具有独立性，只服从于法律，由总统任命的法官不可被罢免。除最高法院外，罗马尼亚还在各县、市、乡镇设各级法院。在41个县级行政单位中，每个县均设有一个县法院和数个一审法院。此外，还有15个巡回上诉法庭，受理对地方法庭裁决的上诉。

二、检察院

总检察院及其所属各级检察院从属于相应的各级法院，是社会普遍利益的代表，维护法律秩序、公民的权利与自由，对警察机关的犯罪调查工作进行指导和监督。检察院根据合法、公正、逐级审查的原则进行工作，支持公诉。总检察长对议会负责，其人选由议会指定，任期四年。

三、最高司法委员会

最高司法委员会是司法系统独立性的保证，其主要职权为：向总统推荐法官与检察官人选；具有法庭的功能（在这种情况下，司法部部长、最高法院院长以及总检察长不能参加表决）；依照其组织法行使其他职权。最高司法委员会的决定和裁决经由秘密表决做出，具有最终效力，不可更改。

最高司法委员会由19名司法官员组成，每一届任期六年。委员会成员人选的产生需通过三种途径：

（1）14名成员通过司法官员大会选举产生，经参议院批准后任职。这14名官员中有9名法官和5名检察官。

（2）2名成员是法律专家，必须具有优秀的职业声誉和公认的良好道德品质，其人选由参议院从社会上挑选。这两名官员只参与最高司法委员会全体成员均参加的一般性工作。

（3）其余3名成员是司法部部长、最高法院院长以及总检察长。

第四章 军事

第一节 概述

一、建军史

1. 统一的达西亚国家形成与发展的时期

罗马尼亚军队的起源可以追溯到2 000多年以前。约公元前6世纪时,达西亚-盖塔各部落为抵御周边强国的入侵而联合起来,组织军事同盟。这种军事同盟已经初步具有正规军队的形制。早期达西亚-盖塔人已在定居点周围建筑土墙,挖掘壕沟,其建筑结构类似堡垒。当时使用的主要武器有双刃斧、剑、长矛、短剑、匕首和弓箭等,其中双刃斧是色雷斯人和达西亚-盖塔人所特有的。许多学者认为,罗马尼亚最早有组织、隶属于国家的军队是在公元前70—前40年布雷比斯塔时代形成的。根据罗马尼亚著名历史学家珀尔万的研究,布雷比斯塔时期的达西亚王国在战时能够动员一支人数达20万之众的军队,约占当时达西亚人口总数的1/5。这个时代的军队分为骑兵与步兵,以及使用专门武器的兵种如长矛手、弓箭手以及投石手等。武器的质地由青铜为主逐渐发展到铁制。除一般武器外,达西亚还拥有投石器、攻城槌和战车等在当时较为先进的技术兵器。

2. 封建公国时期

罗马军队撤出后,罗马尼亚逐渐向封建社会过渡,境内形成了诸多公国。为应对游牧民族的进犯,各公国在各经济和战略重镇设立据点，并组建自己的军队。军队的组成包括步兵和骑兵，由大公及其周围的高级军官指挥。

14世纪，瓦拉几亚公国与摩尔多瓦公国相继建立，各公国的军队进一步走向正规化。属于国家的军事组织形式主要包括"大部队"和"小部队"。"大部队"通常以国家征召的农民为主；"小部队"则以自备兵卒、马匹、服装和武器的贵族武装为主。还有一种军事力量不属于国家，但与"小部队"关系密切，这就是贵族的私人军队。

雇佣兵出现于14世纪，在16世纪十分兴盛，其成员一般包括日耳曼人、匈牙利人、哥萨克人、意大利人、塞尔维亚人、保加利亚人和阿尔巴尼亚人等。17世纪中叶以后，雇佣兵逐渐消失。在欧洲范围内普及火器的浪潮出现在土耳其统治的中后期并波及罗马尼亚各公国，各种枪炮逐渐用来装备部队。同时，在18世纪末，各公国出现了新的军事组织形式——"潘都尔"和志愿军。"潘都尔"以营为单位，骁勇善战，而志愿军则是人民自发组织起来的，目的是反对奥斯曼土耳其帝国的统治，使罗马尼亚获得独立。

3. 罗马尼亚统一国家形成时期

19世纪初，罗马尼亚各公国建立起具有现代特征的军队，其基础就是"潘都尔"和志愿军。瓦拉几亚和摩尔多瓦分别在1831年和1832年出现了团的建制。摩尔多瓦公国规定每70个家庭必须至少有1人参军，服役期限为6年。19世纪上半叶，枪炮进一步普及，19世纪初燧发枪逐渐进入部队装备。瓦拉几亚于1843年建立起炮兵连，不久又在1845年为海军添置了炮艇。1831年雅西市和加拉茨市组建了军队医院。1847年第一所军官学校在布加勒斯特市开始授课。

1848年革命爆发后，临时政府建立了群众性的武装组织——"国家卫队"和非常设部队。布加勒斯特组建了拥有5个军团的"国家卫队"，总人数达到10 375人。

19世纪中叶，罗马尼亚开始了统一和独立进程。在这一进程中，罗马尼亚军队日趋现代化，并且担负起了保卫统一成果和赢得国家独立的责任。1859年，瓦拉几亚和摩尔多瓦实现统一，建立起统一的指挥体系——战争部和联军总参谋部。统一后，军队的数量和装备均得到增长。1860年，军队中装备了当时最新式的步枪，并建立起配备新式卡宾枪的狙击营，炮兵也得到很大发展。1877年独立战争前夕，罗马尼亚陆军的兵力已经达到了52个步兵营、40个骑兵中队；其海军拥有"罗马尼亚"号军舰和数艘小型舰只。

4. 两次世界大战时期

20世纪初，世界大战之前紧张的欧洲局势迫使罗马尼亚投入大量人力、物力和财力进行国防建设，无论军队的规模还是武器的数量、质量均得到增长和提升。随着技术的进步，各种现代化武器装备被采用。1908年无线电台已装备部队，军队的指挥通信系统产生质的飞跃。

1911年，部队装备了大量机枪，使单兵杀伤力极大增强。兵种划分更加细致，包括：工兵部队、舟桥部队、铁路兵部队、电报部队、气球部队、汽车兵部队以及信鸽部队等。同时空军也已经出现。1911年，基蒂拉航空学校的首批6名学员毕业，罗马尼亚空军就此成立。经过19世纪末和20世纪初的跳跃式发展，在第一次世界大战前夕，罗马尼亚已经拥有一支强大的军队。1913年6月，罗马尼亚可以动员的部队有5个军，包括15个步兵师和数个骑兵师，兵力达到10 600名军官和46万名士兵，约占当时国家总人口的6%。

1918年国家实现完全的统一后，军队建设也通过战争的锻炼取得巨大进步，在大战中应用的新型武器装备和新的战略战术思想很好地得到吸收和利用。战后罗马尼亚军队的军兵种更加细化，不仅包括步兵、骑兵、炮兵、工程兵、山地部队、侦察部队、海军等传统军兵种，还包括在第一次世界大战中产生或强化的军兵种如防空炮兵部队、坦克部队、空军部队（包括轰炸部队和空中战斗部队）、水上飞机部队和机械化运输部队等。

5. 现代时期

第二次世界大战结束后，罗马尼亚人民共和国（1965年后改称为罗马尼亚社会主义共和国）成立，军队建设随着时代的发展又取得重大进步。罗马尼亚社会主义共和国的最高国防指挥和领导机构是国防委员会，由总统任主席，军队体系以正规军（称为武装部队）为主体，以爱国卫队为预备役力量。

这一时期罗马尼亚在军事方面取得的最大成就是建立起独立自主的国防工业体系，能够自行生产军用飞机、军舰、坦克、装甲车，以及所有轻武器。

第四章 军事

1989年以后，罗马尼亚军队在战略思想和指挥体系等方面发生深刻变革。所有军事机构实行非政治化，建立起一整套国家和公共机构对军队的监督机制，并通过军队的文职化加强文职人员对军队机构的控制与监督。士兵和军官的晋级采用业务竞争机制，摒除政治因素。在融入以美国和西欧为首的西方阵营，特别是在2004年加入北大西洋公约组织前后，罗马尼亚军队的作用发生根本转变，其使命和能力更加强化。除传统的维护国土安全的任务外，军队还派驻境外，参加各类联合国和北约领导的维持和平、人道主义救援和应对突发危机的任务，并且积极和周边国家以及其他部分国家建立军事合作关系。

二、军队机构

罗马尼亚军队的最高决策机构是最高国防委员会，该委员会是专职的中央公共行政机关，统一指导、组织国防及国家安全事务，每年定期向议会提交专门报告。委员会主席是罗马尼亚武装力量的最高统帅，由总统兼任，通过国防部和总参谋部对全国武装力量实施领导和指挥；副主席职位由政府总理兼任。

罗马尼亚的最高军事领导机构是国防部，国防部是专门的中央公共行政机构，对议会、总统、最高国防委员会和政府负责。该部的职权是执行宪法和法律规定，实施最高国防委员会和政府的决定，在其职权范围内履行罗马尼亚批准的国际条约。国防部内设立的机构有：欧洲-大西洋一体化以及防务政策局，与议会关系、立法协调以及公共关系局，武器装备局，总参谋部，国防部监察局，总秘书处，军事情报局，人力资源局，财政局，内部审计局。

总参谋部的职能是确保对武装力量的有效领导，保证军队的战斗力，在其自身框架内履行加入欧洲-大西洋一体化结构计划及其所确定的各个政治-军事合作项目，在其职权范围内对军事研究活动予以监管。总参谋部的最高负责人是总参谋长，其人选先由国防部推荐，经政府总理批准，最后由总统任命。罗马尼亚军队受议会、总统、最高国防委员会、政府、法院、审计法院、宪法法院等公共机构的领导和监督。

议会作为最高立法机构，是唯一有权制定国防法律的机关。这些法律包括：有关罗马尼亚军队组织和职能的法律，有关军人职责、权利和义务的规章，有关军人社会保障的规定，有关军队国际关系的条例等。议会下属专门的国防委员会以及公共秩序和国家安全委员会，制定国防政策，对军事机构进行领导和监督。这两个委员会负责评价和监督有关国防的各项法定开支，听取政府和军队官员有关军事行动的报告，听取各军事机构提供的军队动态和军事信息，听取在内阁中有职位和属于议会成员的军职人员的情况汇报，如遇举报军队中诸如政治化等不良倾向，议会将尽快采取措施，并为举报者保密。

总统是国家最高国防委员会总司令，对军队进行直接领导，同时负有对军队进行监督的职责。

政府负责制定有关国防的法律草案，指导国防部的工作，向议会提交国防预算草案并负责提供必要的拨款。政府还授权就某些有关国际军事合作的条约和协议进行谈判，并定期拟定国家安全战略和政府白皮书提交议会讨论。

审计法院负责监督军队机构使用国家财政资源的情况。

宪法法院负责审查任何有关军队的法律是否有效。

三、军事实力

根据罗马尼亚宪法第一百一十八条的规定，军队的使命是按照人民的意志，确保国家的主权、独立、统一、领土完整以及宪法民主体制不受侵犯。依照法律以及罗马尼亚参加的国际条约，军队还要参加军事同盟的集体防御，参加维持和平或恢复和平的行动。罗马尼亚武装部队由陆军、海军和国土防空军组成。

罗马尼亚国防总支出占国内生产总值的2%，约为36.5亿欧元。目前，罗马尼亚军方正在进行三阶段重组。第一个短期阶段已于2007年完成（重组指挥系统，实施义务兵役）。2015年标志着第二阶段（北约和欧盟的业务一体化）的结束，而2025年是长期阶段的完成日期（北约和欧盟全面技术整合）。这些阶段旨在使军队结构现代化，人员减少，并获得与北约标准兼容的更新和改进的技术。罗马尼亚将全国划分为三个大军区，下设县、市和区军区。各军种建制如下：

1. 陆军

罗马尼亚陆军部队是罗马尼亚武装力量的主要组成部分。陆军由参谋部、3个集团军司令部、8个军团司令部组成，总司令部设在布加勒斯特。基层战斗单位是旅、营、连和排，主要战斗单位包括机械化步兵旅、步兵旅、坦克旅、山地旅、炮兵旅、后勤旅、空降旅等。现任罗马尼亚陆军部队负责人是于2014年1月7日上任的尼古拉·丘卡少将。

2. 海军

海军由参谋部、海军舰队以及多瑙河分舰队组成，总司令部设在康斯坦察，并在布勒伊拉和曼加利亚设有基地，拥有100余艘舰艇，包括1艘潜艇、1艘驱逐舰以及数艘护卫舰、鱼雷艇等。现任罗马尼亚海军负责人是于2013年12月18日上任的亚历山大·密尔苏海军少将。

3. 国土防空军

罗马尼亚的空军和防空军统称为国土防空军，总司令部设在布加勒斯特，拥有1个空军司令部、1个作战指挥部、4个空军基地和1个防空旅，后备部队包括2个空军基地和3个机场，在巴克乌和蒂米什瓦拉也有较大的空军基地。现任罗马尼亚空军参谋长是于2013年12月19日上任的劳里安·阿纳斯塔索夫少将。

第二节　军衔制度与兵役制度

一、军衔制度

按照罗马尼亚现行的规定，所有军官必须从军事院校毕业才可任职，从士兵中晋升的军官也必须经过军校培训。罗马尼亚的军衔分三大等级——将、校和尉，下面又细分为11级：将官分大将、上将、中将、少将，校官分上校、中校、少校，尉官分大尉、上尉、中尉、少尉。军官职务和军衔的晋升，需要经过训练和考核评定。训练和考核工作由各级军事单位内设立的培训中心负责。

二、兵役制度

罗马尼亚现行兵役制度是义务兵役制与合同兵役制相结合的模式。所有年龄在20岁以上的成年男子均有服兵役的义务，陆军和空军的服役期为12个月，海军为18个月。因为宗教原因而拒绝在军队服役的公民可以用24个月的公益服务替代兵役。军官退役年龄为将官和校官60岁，尉官45岁。在加入北约的过程中，合同兵所占的比例不断提高，军队逐步实行职业化。文职化是罗马尼亚军队人事制度改革的另一重点。剧变后，军队文官制在制度上和法律上得到确立。国防部、国防委员会、议会中的国家安全部门等涉及军事的重要公共机构的职位均由文职人员担任，国防部部长一职自1994年3月起也改由文职官员担任。文职人员在军队中所占的比例在加入北约的过程中一直不断扩大，2000年已达到17%。

第三节　国防政策与军事战略

一、国防政策

根据罗马尼亚政府发布的最新文件，当前罗马尼亚必须根据其在国际条约中所做的承诺，将国防战略的目标集中于保证国家公民安全和领土完整，以及加强与盟国和伙伴国家的军事合作与支持之上。为此目的，罗马尼亚颁布了一系列国防政策，例如巩固国防能力，包括有效地利用北约机制；加强罗马尼亚军队的现代化建设并提升军备采购能力，每年至少分配GDP的2%作为国防预算；深化与美国的战略合作伙伴关系，加强两国在黑海方面的军事合作；制定并规范武装部队训练的法律和规范性条款；通过利用北约和欧盟倡议中的多国合作机会，发展与欧洲－大西洋地区国家在安全产业领域的合作，使本国安全产业适应军队装备的需求和当前的竞争环境；通过参与关乎本国利益的任务和危机管理事件，巩固罗马尼亚在民事任务和军事行动中的作用。

从国家内部角度看，罗马尼亚国防政策的目标旨在确保罗马尼亚的领土完整、主权独立和公民安全，以及提升国家危机预防和行政管理系统的运作效率，防止激进或极端倾向的存在，促进国家认同。

从外交的角度来看，罗马尼亚国防政策的目标是树立一个符合本国政治和经济发展水平的国家形象。例如在北约和欧盟等组织内部加强塑造罗马尼亚的形象，加强区域合作，特别是在国防领域；巩固与美国的战略合作伙伴关系，包括经贸合作等；深化与周边国家的合作，确保黑海地区的安全。

二、军事战略

根据罗马尼亚法律规定，罗马尼亚军事战略的出发点是维护国家安全。罗马尼亚军队为了完成维护国家安全的神圣使命，在北约集体防务和欧盟互助条款的背景下，必要时可依法利用一切可利用的资源，履行宪法规定的保障国家主权、独立、统一、民主和领土完整方面的职责。

罗马尼亚军事战略的具体内容如下：

（1）在和平时期确保罗马尼亚的国家安全：

确保罗马尼亚的土地、海洋和沿岸领土的安全；

根据联合情报、监视和侦察（JISR）能力，确定军事风险的因素，取得信息优势，及时向政治、军事决策者传播情报；

审查现代化预备役人员的培训制度；

执行或参与从其他国家撤离罗马尼亚国民的具体行动；

参与打击黑海威胁的行动；

确保军事设施、交通和通信的永久安全。

（2）保证罗马尼亚的主权和领土完整：

利用一切能力对抗针对国家安全的敌对行动；

按照《北大西洋公约》第五条的规定在全国范围内采取行动，执行北约部队的行动计划；

提供东道国的支持和接待，为盟国或伙伴部队提供国防行动支持。

（3）参与北约和欧盟的集体防务事务：

参与北约和欧盟等多国框架内的倡议、计划和发展项目，包括弹道导弹防御等；

按照《欧洲联盟条约》的规定，参与维护和重建北约和欧盟领土内的安全，包括在《北大西洋公约》和《互助条款》中规定的集体防御。

（4）促进地区和全球稳定，使用国防外交：

参与北约、欧盟、欧安组织和联合国领导的维和行动/危机应对行动；

参与人道主义援助、搜救和救灾行动；

参与联盟内的军事行动，打击恐怖主义、极端主义、叛乱，确保国际环境稳定；

为国家和国际军控在大规模毁灭性武器防扩散方面做出贡献。

（5）支助中央和地方公共行政当局在紧急情况下向人民提供援助，并对灾害进行后果管理：

在紧急情况下抢救和撤离人员；

参与自然灾害、极端天气条件和技术事故的救灾干预；

为受影响的人员和国家卫生组织机构的专门干预小组运送第一批必需品。

第四节 军事合作

罗马尼亚作为在中东欧地区具有较大影响力的国家，除参与美国和北约的各种军事行动外，还参与欧洲区域性军事合作。由于在本地区的政治和外交环境以及军事干预方面都具有举足轻重的发言权，在罗马尼亚积极参加的中东欧区域政治和军事合作中，有些是以罗马尼亚为核心的，如设在布加勒斯特的"东南欧合作行动中心"即是其中一例，该中心的主要职能是打击跨国犯罪。2001年9月，罗马尼亚接任东南欧国防部领导委员会和东南欧多国维和部队轮值主席国的职位，在该地区的军事合作和军事干预方面发挥了重要作用。此外，罗马尼亚参与的军事合作主要有：

1. 东南欧国防部部长地区合作倡议组织

在1996年3月阿尔巴尼亚首都地拉那举行的东南欧国防部部长会议上，东南欧国防部部长地区合作倡议组织成立。该组织参加国包括阿尔巴尼亚、保加利亚、克罗地亚、塞尔维亚、黑山、希腊、意大利、罗马尼亚、斯洛文尼亚、土耳其和美国，乌克兰为观察员。这一组织的目标是促进各成员国的相互理解并加强这一地区的政治—军事合作，以利于东南欧地区的稳定和安全。

2001年1月，按照东南欧国防部部长地区合作倡议组织的章程，东南欧国家组建起一支3 000人的维和部队，参加巴尔干地区的维和行动。这支部队还参加由联合国和欧安组织等国际组织在巴尔干地区开展的维和及人道主义救援行动,并参与这一地区的战后重建工作。罗马尼亚为该维和部队提供了1个步兵营、1个侦察排、1个运输排、1个参谋小组以及1个工兵连。

2001年9月,罗马尼亚担任东南欧国防部部长地区合作倡议组织轮值主席国,任期二~三年。在任期内,罗马尼亚在加强该组织的合作框架,创造有利的外交和军事条件,制订和履行组织的合作计划,以及正式启动东南欧维和部队的运作等方面,均做出了应有的贡献。

2. 黑海沿岸六国海军特遣部队

1998年,黑海沿岸国家在布鲁塞尔举行会议,决定多国合作建立舰队。2001年4月,罗马尼亚、保加利亚、格鲁吉亚、俄罗斯、土耳其和乌克兰6国在土耳其伊斯坦布尔签署协议,宣布正式组成"黑海海军合作特别集团",以进一步促进黑海地区各国之间的信任和相互理解,加强成员国在安全领域的合作,增强各国海军的协调能力。舰队的主要任务是搜寻与营救、人道主义支援行动、扫雷以及环境保护行动。罗马尼亚海军是该部队的重要组成部分,向其提供1艘舰艇和部分参谋人员。

3. 罗马尼亚-匈牙利维和营

1999年1月,罗马尼亚国防部提出建立罗匈联合部队的倡议,两国于1998年3月在匈牙利首都布达佩斯签署协议,2000年1月起罗马尼亚-匈牙利维和营正式成立。该部队的任务是参加北约或欧盟领导的维和行动和人道主义行动。维和营每年在两国境内各进行一次训练,指挥权一年一换,由两国轮流掌握。罗马尼亚为部队提供了1个步兵营,兵力449人。

4. 罗马尼亚、斯洛伐克、匈牙利和乌克兰蒂萨河国际防灾工程营

1999年1月,罗马尼亚、乌克兰与匈牙利三国的国防部部长在乌克兰举行会议,乌克兰国防部部长提议由蒂萨河流域国家共同组建一支工兵部队,以应对蒂萨河流域可能出现的自然灾害。2001年12月,罗马尼亚、乌克兰、匈牙利和斯洛伐克在布鲁塞尔签订条约,蒂萨河国际防灾工程营正式成立。

5. 中欧和平促进合作组织

中欧和平促进合作组织成立于1998年3月,成员国除罗马尼亚

外，还有奥地利、匈牙利、斯洛伐克、斯洛文尼亚和瑞士。该组织的目标是在中欧地区加强区域合作，增强应对危机的能力，保持地区稳定。成员国之间的合作包括交流信息，以及为人道主义军事行动的合作、危机处理军事观察员的合作、各国宪兵之间的合作提供机制。

6. 罗马尼亚和以色列签订军事技术合作协议

罗马尼亚国防部希望在2010—2012年将其苏制米格-21战斗机全部换掉，具体的替换方案于2006年底决定。鉴于此，以色列方面主动提出向罗马尼亚出售以色列部队的F-16战斗机。2006年3月9日，罗马尼亚和以色列两国国防部部长签订了一份为期5年的军事合作协议。该协议为两国在反恐行动中的合作和共同努力提供了保证。在这份军事合作协议的框架内，两国还签订了若干技术合作协议。

7. 罗马尼亚与波兰签订战略伙伴关系行动框架

2010年10月，罗马尼亚和波兰签署两国战略伙伴关系框架内行动计划，新签署的行动计划涉及安全政策、欧洲事务、邻国安全、军事合作、国防工业、能源安全等，将全面推动两国之间的战略伙伴关系。

8. 罗马尼亚与美国加强军事合作

2007年8月，美国在罗马尼亚设立军事基地。2010年2月，罗马尼亚最高国防委员会决定同意美国在罗马尼亚境内部署新反导系统。2011年9月，罗马尼亚总统伯塞斯库访美，两国签署《关于21世纪战略伙伴关系的联合声明》《弹道导弹防御协议》。2011年12月23日，罗美弹道导弹防御协议正式生效。2014年10月，美国军队接管了罗马尼亚南部德维塞卢镇军事营地的指挥权，并首次安装了一座最先进的雷达（AEGIS）以及25台拦截机等部分北约反导装备。美国于2015年完成并启用在罗马尼亚德维塞卢的军事基地，用于北约导弹防御系统的部署。

第五章　文化

文化是世上最强大的力量，也是民族团结的新堡垒。

——S.伯尔努丘[①]

第一节　语言文字

一、语言

罗马尼亚的官方语言是罗马尼亚语，属于印欧语系中的罗曼语族，与意大利语有77%的相似度，与法语有75%的相似度，与西班牙语有71%的相似度。传统上，法语是罗马尼亚境内使用频率最高的外语，当你在布加勒斯特的大街上问路或是与人谈天时，使用法语可以进行有效的沟通。随着经济全球化步伐的加快，英语的影响力日益增强，大量关于外贸的英语词汇成为罗马尼亚语中的舶来词。

虽然历史上罗马尼亚分为瓦拉几亚、摩尔多瓦和特兰西瓦尼亚三大公国，但是在不同公国境内的人民所使用的语言却是相同的。罗马尼亚语犹如一条纽带，用一种无形的力量把生活在不同公国的人民紧密联系在一起，成为传承民族传统和增强民族凝聚力的重要手段。2002年罗马尼亚议会专门通过了《关于在公共场所和人际交往中使用罗马尼亚语的法案》，以此来维护罗马尼亚语的中心法定地位。

有趣的是，罗马尼亚人所使用的语言与其四周邻国截然不同：东

---

① 罗马尼亚著名思想家、政治家和理论家。

北部的摩尔多瓦、乌克兰和西南部的南斯拉夫人使用斯拉夫语，西部的匈牙利人的语言是隶属芬兰乌戈尔语系的匈牙利语，而南部的保加利亚人则讲保加利亚语。造成这一不寻常现象的原因和罗马尼亚的历史息息相关。罗马尼亚人的远祖达西亚人原本有自己的语言——达西亚语，在公元106年，罗马帝国征服了达西亚，从而通过军事占领、贸易发展以及基督教的传播三条路径共同推动了达西亚语的罗马化进程。罗马尼亚的普通民众被迫放弃自己的语言而改讲通俗拉丁语。到了3世纪中叶，当地人与罗马人融合，他们所讲的语言就是现在罗马尼亚语的雏形。在以后漫长的历史变迁中，许多外来民族进入罗马尼亚地区，这些民族的语言也都对罗马尼亚语的形成产生过影响，其中7世纪的斯拉夫人对其影响最为显著。但在罗马尼亚语言主干中，拉丁语的根基地位始终未被动摇。到了9世纪末10世纪初，形成了以通俗拉丁语为主干，以原有达西亚语以及各种外来民族语言为辅的新通用语言——罗马尼亚语。

二、文字

中古和近古时期，罗马尼亚人使用西里尔字母书写。到了14世纪，出于传播宗教的目的，知识分子借用斯拉夫字母进行书写。1860年，在君主库扎的命令下，罗马尼亚正式统一改用拉丁字母进行书写和印刷，此后，拉丁语和拉丁字母在罗马尼亚流行起来。现行的罗马尼亚语正是以此为基础，另外包括5个加变音符号的特殊字母，词形变化也比其他罗曼语言更为灵活和丰富。

第二节　文学

一、古代文学

罗马尼亚文学的源头是民间口头文学。民间文学作为群众文化的主要传播载体，以丰富多样的形式承载了各个历史时期罗马尼亚民族广大人民群众的思想观念和文化发展历程。其风格简洁而明快，通俗而上口，是罗马尼亚文学中不可多得的传世瑰宝。

记录罗马尼亚民歌现存的最早史料是11世纪上半叶的作品《圣徒杰拉尔德传》，文章记叙了这位圣徒夜晚途经罗马尼亚时，听到一位磨面妇女唱着一首悲伤的歌。15—16世纪，有关民间创作的文献记载日益增多，内容也愈加丰富，伴随乐器演唱民谣成为该时期贵族聚会的必备环节。到了17世纪，民歌民谣的创作中混入了宗教的元素，教会人士开始通过歌谣来扩大自身影响力。进入18世纪，民间流传的口头文学和文人创作的书面文学彼此影响，共同发展，当时许多著名作家在创作过程中都曾从民间文学中寻找素材。

罗马尼亚民间文学的创作形式除了传播度最广的民歌、民谣之外，还有习俗诗、史诗、谚语、谜语、民间戏剧、神话传说、民间故事、寓言、童话和笑话等形式。在喀尔巴阡山麓和多瑙河畔之间诞生的民间文学凝聚并彰显着罗马尼亚整个民族的风俗习惯与理想信念，是广大人民群众日常生活与精神追求的剪影。其中N.巴萨拉布的作品集罗马尼亚中世纪文化之大成，为人文主义思想的引入和文化现代化奠定了基础，为罗马尼亚人文主义复兴开辟了道路。他的代表作《巴萨拉布致其子特奥多西耶的家训》记录了罗马尼亚的民间传统和宗教思想，带有浓厚的世俗化色彩。

二、近代文学

1. 18世纪下半叶至19世纪上半叶

罗马尼亚在经历了长达5个世纪的封建时期后，古代文学迈入了向近代文学转化的过渡阶段。文学反映着政治，政治也制约着文学，因此当我们研究罗马尼亚文学发展历程时，该国的政治走向亦是不可忽视的因素。

1780—1867年，中世纪封建社会瓦解，罗马尼亚各公国开始逐步迈入资本主义社会，反封建主义的思想成为整个社会界与文化界的主流思想，阿尔迪亚尔学派应运而生。该学派由特兰西瓦尼亚的知识分子组成，是罗马尼亚反封建的启蒙学派，致力于传播现代理性主义文化，通过文化和政治的启蒙运动来唤醒大众民族意识，推动思想变革。代表人物有I.I.米库-克莱因（1745—1806）、G.欣卡伊（1754—1816）、P.马约尔（1760—1821）、P.约尔戈维奇（1764—1808）和I.布达伊-德列亚努（1760—1820）等。按照成员们的行事风格，该学派又可细分为温和派和激进派：温和派的代表人物有S.米库、P.马约尔、G.欣卡伊；激进派的代表人物有I.布达伊-德列亚努和P.约尔戈维奇。温和派认为农奴制度下的农民是悲惨而贫困的，是被权贵所压迫的奴隶，他们主张采用改革的方式来改变底层罗马尼亚人民的命运；激进派人物I.布达伊-德列亚努在叙事长诗《茨冈史诗》中则号召人们站起来为反对封建和民族压迫的斗争而奋斗，表现出激昂的反教权精神和自然神论思想。

1848年，欧洲资产阶级大革命爆发，这场平民与贵族间的抗争愈加鼓舞了罗马尼亚人民的民族意识。这一时期的文学界刮起英雄主义浪潮，后期又转为批判主义。科·内格鲁齐（1808—1868）在代表作《亚历山德鲁·拉普什尼亚努》中描写了16世纪中期摩尔多瓦公国君主与反动贵族斗智斗勇的故事；安·潘恩（1796—1854）在《独特的诗或人们的歌》和《谚语集或民间故事》中编纂整理了当时广为流传的民歌、谚语、故事和谜语等，反映了对穷苦大众的同情和对享乐贵族的厌恶。

2. 19世纪下半叶至第一次世界大战

由于受到瓦拉几亚和摩尔多瓦的统一，罗马尼亚摆脱奥斯曼帝国实现真正独立的鼓舞，罗马尼亚文学空前繁荣，达到第一个高峰。现实主义为当时主要流派，浪漫主义、象征主义以及自然主义等也对文学创作产生了不同程度的影响。其中现实主义的代表人物有米哈伊·埃米内斯库（1850—1889）、扬·克雷安格（1837—1889）和伊·斯拉维奇（1848—1925）等。批评家蒂图·马约雷斯库（1840—1917）于1863年在雅西创立的文化与文学团体"青年社"成为文化改革的前沿阵地。青年社曾推出过三位伟大作家的作品，他们分别是诗人米哈伊·埃米内斯库、民族短篇小说家扬·克雷安格以及戏剧家扬·卢卡·卡拉贾莱（1852—1912）。其中米哈伊·埃米内斯库是罗马尼亚19世纪文化的领军人物之一，擅长创作抒情诗、浪漫诗以及革命诗歌，代表作《金星》被批评家们评价为欧洲19世纪最优美的诗歌之一。扬·克雷安格是农民心中的圣人，他的作品用讽刺而幽默的笔触生动展现了底层人民的生活状态与心理活动，塑造了许多值得研究的丰满形象。

3. 两次世界大战之间

随着奥匈帝国的解体和德国的失败，特兰西瓦尼亚公国回归，罗马尼亚终于实现了民族大统一。国家政治权力的集中与经济贸易的蓬勃发展，促成了罗马尼亚文学发展进入第二个高峰时期。在这种社会氛围下，思想家们的立场不断变换，各种思潮交汇碰撞，各种流派百花齐放，其中，占据主导地位的仍然是现实主义流派。都铎·阿尔盖济（1880—1967）善于在诗歌创作中运用隐喻手法，将传统主义与现代主义融合在一起，著有诗集《音节》《韵律》《夜》等。现代派诗人特里斯坦·扎拉（1896—1963）联合马塞尔·扬科以及法国诗人汉斯·阿尔普等共同发起了达达主义运动，后来发展成为超现实主义。

这一时期还出现了一批以冷静的笔触深入剖析人物心理为创作手法的优秀作品。米哈伊·萨多维亚努（1880—1961）是罗马尼亚20世纪上半叶最负盛名的小说家、散文家和学者，他一生中创作了大约100本著作，塑造了大量勇于反抗强权的底层市民形象，文风具有浓重的摩尔多瓦地方色彩。利维乌·雷布雷亚努（1885—1944）于1909年在锡比乌的《金星》杂志上首次发表文章，其后凭借小说《扬》、《起义》和《绞死者之林》奠定了他在文坛上的地位，是罗马尼亚现代长篇小说的创始人之一。

三、现代文学

1944年8月23日是第二次世界大战期间罗马尼亚的重要历史转折点，同时标志着罗马尼亚社会主义时期文学的起点。这一时期的罗马尼亚文学带有鲜明的政治倾向性，政府要求文学创作必须为新的社会制度服务，鼓励创作共产主义文学和社会写实主义文学。马林·索雷斯库是这一时期的著名诗人、剧作家，其诗集《诗》被授予罗马尼亚作家协会奖。他的作品既保留了传统诗歌的古典韵味，又吸收了西方现代主义的创作手法，并与戏剧创作手法相融合，十分生动有趣。尼基塔·斯特内斯库是诗歌革新运动的代表人物，善于意境的提炼，在诗歌中发掘并展现自我意识，先后发表了《爱的意义》《情感的形象》《时间的权力》等16部诗集和2本散文集。

现代罗马尼亚文学在保持和传承本民族文学特色的同时，不断地和世界文化相互融合。小说家杜米特鲁·波佩斯库的作品挣脱了传统的现实主义写作模式,通过意识流、象征等写作技巧的运用,给读者营造出了一种扑朔迷离的观感,在深层次的文字背后隐藏深刻的主题。他的写作手法明显受到世界著名现代派作家福克纳、乔伊斯、普鲁斯特等人的影响,从他的创作中,我们可以看到世界文化对罗马尼亚当代文学的冲击。

第三节 艺术

一、音乐与舞蹈

1. 古代音乐与舞蹈

在罗马尼亚国家历史博物馆中,陈列着从库库特尼文化遗址中发掘出的骨质笛类管乐器以及绘有当地居民载歌载舞图案的陶器,从中可知此时音乐和舞蹈已经进入罗马尼亚先民们的生活中,成为常见的娱乐方式。达西亚被罗马帝国征服后,诸如古笛、号等罗马人惯用的管乐器开始广泛应用于当地居民的音乐和舞蹈中。到了3世纪,罗马尼亚古代音乐逐渐形成两大模块,一个是传统的罗马尼亚民间音乐,另一个是混有当地音调的基督教宗教音乐。两者都以拉丁音调为曲调基准,体现出早期罗马帝国对罗马尼亚音乐的深厚影响。由于地理、历史环境因素的作用,罗马尼亚民间音乐中也掺杂了斯拉夫、匈牙利、吉卜赛、土耳其以及东希腊的音乐风格,呈现出多民族音乐的独特风采。

罗马尼亚古代民间音乐类型有仪式歌曲、士兵歌曲、幽默歌曲和抒情歌曲等;民间乐器有普秋姆等;古代舞蹈类型有卡鲁斯仪式舞等。

2. 中世纪音乐与舞蹈

罗马尼亚音乐从民间音乐和拜占庭宗教音乐中汲取营养,在传承和创新中不断成长。中世纪罗马尼亚三个公国隶属不同的帝国,因此各个公国的音乐受到的影响各异,风格也各有不同。特兰西瓦尼亚音乐受宫廷音乐和管风琴伴奏音乐的影响较大,风格偏向西欧模式;而罗马尼亚和摩尔多瓦两公国则主要受拜占庭和土耳其音乐的影响。

中世纪时期,宗教的影响力加大,渗透到文化的各个方面,民间亦出现了颂歌、赞歌等各类宗教歌曲，其中圣诞颂歌凭借其简单上口的曲调广为流传，每家每户在冬季时都会一起歌唱。其他形式的歌曲还有表现力极强的葬礼歌曲，包括挽歌、守夜歌和杉树歌等类型；曲调悠扬的抒情歌曲，如格调感伤、沉静而浓厚的"多依纳"；歌颂英雄丰功伟绩以及展现牧人日常生活图景的歌谣，如著名的《丢羊的罗马尼亚牧羊女》。

此时期的歌舞形式主要有帕帕鲁达舞、德勒加依卡舞、库努纳舞以及卡洛廷舞。农民们通过跳克卢舒舞来祈求风调雨顺、作物丰收，其舞步优美，现已成为世界公认的精选舞蹈。集体舞是最为流行的民间舞蹈，霍拉舞和贝利尼察舞便是其中的典型。霍拉舞舞步轻巧，旋律活泼激烈，舞蹈者情绪高昂热情。贝利尼察舞风趣活泼，舞蹈者们根据节拍边走边舞，连白发苍苍的老人也会跟着摇摆。

在这一时期，音乐理论研究也开始逐步发展。17世纪文艺复兴时期的杰出音乐家I.克亚努（1629—1687）搜集编纂出第一部民间乐曲集《卡约尼乐谱集》。这部乐曲集详细地介绍了罗马尼亚民间音乐旋律以及世界音乐创作，为民间通俗艺术和宫廷高雅艺术架起了一座桥梁。在18世纪的法纳尔统治时期，三个公国的城市音乐和宫廷音乐色彩进一步增强，罗马尼亚近代音乐渐成雏形。

3. 19世纪至20世纪上半叶的音乐

19世纪至20世纪上半叶是罗马尼亚音乐发展史上最辉煌的阶段，罗马尼亚音乐学派在浪漫主义大潮流和激昂民族主义中诞生。世界级音乐大师奇普里安·波伦贝斯库（1853—1883）和G.埃内斯库（1881—1955）就涌现于这一伟大时期。

19世纪上半叶，罗马尼亚成立了许多音乐教育机构，致力于传播古典主义音乐并培养职业音乐家。最早的音乐团体是1833年成立于布加勒斯特的爱乐协会，I.肯皮内亚努、C.阿里斯蒂亚和I.H.勒杜列斯库等著名音乐家均是该协会的成员。随着前来罗马尼亚各公国演出的外国乐队和歌剧团数量的增加，罗马尼亚音乐职业化的脚步加快。早期音乐家的工作主要是对民歌进行改编，使用民间音乐的素材再加工出各种声乐和器乐作品。1848年大革命期间，罗马尼亚各公国的音乐家与进步知识分子一起亲身参与了社会政治运动。作曲家帕恩在这种契机下根据穆雷尚创作的歌词谱写的体现自由和爱国主义情怀的歌曲

《觉醒吧，罗马尼亚人》（原名《回声》），成为罗马尼亚1989年后的国歌。

19世纪下半叶，雅西国立音乐学院（1861年）、第一家音乐专业期刊《罗马尼亚音乐家》（1861年）、布加勒斯特国立音乐学院（1864年）、布加勒斯特交响乐团（1866年）、罗马尼亚歌剧院（1877年）、罗马尼亚爱乐协会等机构和刊物先后创立，国家级音乐教育的框架逐渐被建立起来。各大城市积极举办合唱团、军乐团、民乐团、爱乐乐团的活动并且大力鼓励开展音乐评论，这些都有力地推动了罗马尼亚音乐文化的发展。在此背景下，音乐巨匠们开始大显身手。"杰出的爱国主义音乐家"奇普里安·波伦贝斯库是罗马尼亚现代音乐的奠基人之一，主要作品有《叙事诗》、歌剧《新国王》、合唱曲《我们的旗帜三色旗》。他的作品取材于民歌，大多具有爱国主义教育内容。

20世纪初，罗马尼亚的音乐发展达到巅峰状态，音乐家们把民间音乐的通俗性、拜占庭音乐的庄严性和德法浪漫主义音乐的多变表现技巧完美地融合在一起。创作天才G.埃内斯库闪亮登场，在欧洲，他被视作一名天才的小提琴家；在美国，他被视为一名优秀的指挥家；与此同时他更是一名作曲家，一生创作了许多意境优美而内涵深刻的作品，如《罗马尼亚之诗》《第一交响曲》《第二交响曲》《俄狄浦斯王》等。他开创了罗马尼亚的民族乐派，通过音乐将罗马尼亚民族精神推向全球。

4. 两次世界大战之间的音乐

1918年罗马尼亚民族实现完全统一后，音乐事业继续蓬勃发展，表现形式日趋多样化，音乐语言也更加细腻。在G.埃内斯库的引领下，优秀的作曲家层出不穷，有价值的音乐作品不断问世，如钢琴家利帕蒂（1917—1950）和指挥家杰奥尔杰（1887—1964）都享有较高的国际声誉。罗马尼亚音乐家协会成立于1920年，吸引了一批充满想象力与创造力的音乐学者，致力于采集并综合利用民歌资源，宗旨是培养创作天才，鼓励音乐原创。布加勒斯特音乐学院的第一位作曲系教授卡斯塔尔迪（1874—1942）培养出了许多优秀的新生代作曲家，在他的教导与启发之下，弟子们沿着卡斯塔尔迪开辟的道路，创作出当时比较新颖的印象主义作品。此外还有作曲家把卡斯塔尔迪的创作原则与法国传统音乐结合起来，编写出大型交响乐作品。

20世纪20—30年代，音乐评论和音乐教育研究也取得了长足进步。"录音档案"（1927年）和"民间音乐档案"（1928年）是后来建立的民俗和民间文化研究所的核心资料库。民俗学家、民间音乐家布勒依洛尤（1893—1958）为建立民间音乐档案盒、传承民间音乐做出了巨大的贡献。

5. **现代和当代的音乐**

二战后，罗马尼亚重拾对音乐的重视，一大批音乐教育机构如雨后春笋般重建起来，音乐成为大众教育的重要组成部分。位于各大城市的国立音乐学院培养出了一批批卓越的指挥家、作曲家、音乐研究家、音乐评论家和音乐教育家。新一代音乐学者的创作风格和表现技法更加多样化，他们的作品不仅极大地丰富了罗马尼亚民族音乐宝库，也在国际上获得了多项嘉奖。

如今的罗马尼亚各项音乐活动蓬勃开展。罗马尼亚科学院建立了民俗和民间文化研究所与艺术史研究所，专门从事音乐学的研究；音乐出版社出版了大量罗马尼亚音乐作品和音乐普及读物；各大唱片公司发行了国内外众多音乐唱片；1958年起，"埃内斯库国际音乐节"及其国际大赛每三年举办一次，世界著名的室内交响乐团、芭蕾舞团以及顶尖的音乐家都会前往布加勒斯特参加这一国际盛事。

当代的罗马尼亚音乐体系中，不仅传统古典音乐得到传承和发扬，诸如轻音乐和电影音乐的通俗音乐也取得不小的进步，各种音乐类型都获得了充分发展的空间。1990年之后，西欧、北美的摇滚乐和流行乐大量流入罗马尼亚，受潮流影响，罗马尼亚本地出现许多流行乐手、重金属乐手以及街头文化音乐人。罗马尼亚音乐形成多品种、多风格的发展格局。

二、绘画与建筑

1. **古代绘画与建筑**

罗马尼亚现存最早的艺术表现形式是陶制品，陶器的器型包括陶制用具、陶人和陶兽等，造型简单，手法古拙。早期的作品只是简单地在表面刻画寥寥数笔的几何图形，到了后期，作品中增添了色彩元素，绘画图案也愈加生动。这些艺术品年代久远，花纹和图样装饰性强且纹路鲜明清楚，拥有较高的艺术水平。新石器时代的塑像也具有很高的艺术价值，其中女像居多，反映出母系社会中生殖崇拜的思想观念和时代风格。

进入青铜器时代，由于经济的发展，社会逐渐形成了各个阶层，出现了专职以手工谋生的艺术匠人，绘画与建筑的艺术表现形式和手法也与新石器时代产生了明显的不同：如陶器不再像新石器时代那样注重装饰性，而是偏好纹饰和色彩简约协调；器型设计整体倾向于细而长；坚固并且带有安全防御设施的建筑物取代了新石器时代常见的简单棚房；所筑塑像的着装具有能够反映出人物社会地位的特性。

进入铁器时代，达西亚人的建筑水平取得了极大的进步。伴随着真正城镇的出现，各类体现不同阶层居民职业特点和社会地位的建筑物应运而生，一些用于军事、民事仲裁、宗教祭祀、生产等专门目的的功能性建筑物也大量出现。这些建筑物将功能性与艺术性完美地结合在一起。

2. 中世纪绘画与建筑

中世纪常见的绘画类型有三种，分别是壁画、圣像以及插图。壁画一般绘制于教堂的内墙和拱顶，也有绘在外墙墙面的；圣像一般绘制于祭坛和中殿之间的木制镶板上；插图则多见于宗教书稿和文献的装饰纹样，有时宗教著作以外的书籍中也可见到。这三类绘画在中世纪的罗马尼亚均达到较高的艺术水平。

建筑艺术在中世纪也出现了许多佳作，留存至今的传世品大多是各种教堂和城堡，其他类型的建筑精品则不是很多见，这和中世纪时期宗教和神学所处的地位有关。当时宗教和神学被认为是至高无上的，宗教建筑理所应当地体现着当时所能达到的最高艺术水平和工艺成就，于是教堂和城堡通常是施工极为精良、坚固度极高的建筑，得以在漫长的岁月冲刷下保留下来，而其他类型的众多建筑往往因为战争、地震和火灾等自然或人为的因素而毁坏殆尽。这些宗教建筑的艺术特点是简约朴素、各部分风格统一协调，最能体现特色的部位是高耸直立并且带有塔尖的屋顶（一些屋顶甚至高达约60米）以及宽阔大气的屋檐和走廊。

13—15世纪，瓦拉几亚公国的宗教建筑主要继承拜占庭风格，特兰西瓦尼亚和摩尔多瓦的建筑则风格多样。文艺复兴运动后，世俗建筑以奢华的王宫和贵族的豪宅别院为代表，宗教建筑以1635—1639年

第五章 文化

建成的雅西主教修道院为代表。中世纪晚期，罗马尼亚的建筑大体上分为两类：拜占庭风格和西欧风格。罗马尼亚族所在的东正教地区是明显的拜占庭传统风格，而特兰西瓦尼亚公国受到西欧传统风格的影响更大。17世纪末，瓦拉几亚公国的建筑风格转为布伦科韦亚努风格，该风格以西欧的巴洛克风格为基础，混合文艺复兴、拜占庭和土耳其艺术的元素，形成了自己独特的民族风。与此同时，内墙装饰性壁画也发展起来，画像的内容大多是人物故事和风景，拜占庭传统对绘画风格的影响力已经渐渐减小。到了18世纪末和19世纪初，布伦科韦亚努风格逐渐被新古典主义风格所替代。

3. 近现代绘画与建筑

和文学一样，罗马尼亚的绘画与建筑水平也在19世纪达到一个高峰期。新古典主义艺术风格在绘画和建筑方面产生很大影响。

19世纪标志着罗马尼亚绘画艺术的开端，此前的作品几乎都是以宗教素材为创作主题。大批画家将创新元素和革命浪漫主义精神带入罗马尼亚绘画中，通过美术作品来抒发爱国情怀。其中有三位画家最为著名，他们分别是特奥多尔·阿曼（1831—1891）、尼古拉·格里戈雷斯库（1838—1907）和伊万·安德烈埃斯库（1850—1882）。特奥多尔·阿曼作品风格多样，以肖像画和历史题材见长，在民族独立战争时期创作的作品《土耳其人在保加利亚的屠杀》激励广大人民奋起反抗，激发了人们的爱国主义热情；尼古拉·格里戈雷斯库代表作有《骠骑兵》《警报》《土耳其俘虏》《斯美尔塘的冲锋》等，他的画作具有明显的民族风格，笔下的农村姑娘阳光淳朴，洋溢着热情而自信的青春气息；伊万·安德烈埃斯库是现代罗马尼亚风景画派的奠基人，他的画作着力表现严肃、沉重、发人深省的主题。20世纪罗马尼亚画家中最有天赋的是斯特凡·卢基安（1868—1916）和乔治·彼得拉什库（1872—1949）。到了20世纪下半叶，活跃在罗马尼亚画坛的一流艺术家主要有 I.帕恰（1924—1999）、I.瑟利什泰亚努（1929—2011）、St.克尔采亚什（1942—）等人。

19世纪建筑的发展与国家的城镇化进程具有紧密的联系。在西方折中主义潮流的影响下，这一时期的建筑风格百花齐放，既有新古典主义元素，又混合着浪漫主义和新文艺复兴主义元素。一些建筑师在继承罗马尼亚古代建筑风格的前提下，创造性地提出了"新罗马尼亚风格"。扬·明库（1851—1912）就是倡导这种以罗马尼亚古老传统为基础、具有民族特点的革新潮流的代表人物，他的代表建筑作品有拉霍瓦里府邸（1886）、韦尔内斯库府邸（1889）、布加勒斯特中央女校（1894）等。20世纪罗马尼亚建筑进入定型期，杰出代表安东内斯库（1873—1960）和克雷安格（1893—1963）崇尚简约风格，舍弃烦冗的装饰性设计，更加注重现代功能主义需求。

第四节　罗马尼亚文化分析

文化维度是荷兰著名社会心理学家吉尔特·霍夫斯泰德在对各国文化因素进行定量研究时提出的概念。他开创性地提出了四个文化维度，分别是权力距离、个人主义–集体主义、阳刚气质–阴柔气质、不确定性规避，它们共同形成了国家文化差异的四维模型。后期霍夫斯泰德不断完善该理论并补充了两个维度，即长期导向–短期导向和自身放纵–约束。

按照霍夫斯泰德的观点，文化是一个国家的人民思维、感情和行为模式的概括，体现着社会成员的价值观。在分析罗马尼亚文化时，我们可以使用霍夫斯泰德的文化维度理论（如表5-1所示）来分析和解读罗马尼亚的跨文化交流情况。

表5-1　罗马尼亚各文化维度指数

文化维度	分数	排名（从高到低）
权力距离	90	10
个人主义–集体主义	30	51
阳刚气质–阴柔气质	42	62
不确定性规避	90	14
长期导向–短期导向	52	29
自身放纵–约束	20	69

资料来源：https://www.hofstede-insights.com/country-comparison/romania/。

权力距离指数得分表现出一个国家的人民相互之间的依赖关系。在权力距离较低的国家中，上、下级之间的依赖性较小，情感距离较

第五章 文化

近，关系更为平等与和谐，下级可以与上级共同商讨问题甚至对上级的观点提出异议；反之，在权力距离较高的国家中，上下级之间的依赖性较大，情感距离较远，上下级之间有明显的分界线，对于上级的命令与决议下级只能服从。因此，权力距离可以定义为在一个国家中，弱势成员对组织中权力分配不平等情况的接受程度。从表5-1中可以看出，罗马尼亚权力距离指数较高，位列前十，说明罗马尼亚民众认为人与人之间的不平等是符合预期的，这和他们所接受的传统理论教育息息相关。他们的传统文化提倡父母教育子女要服从，尊重父母与长辈是基本美德，他们的观念认为不应当有超出权利范围之外的举动。

个人主义指的是人与人之间松散联系的社会，人们只顾及自己与家人的感受。反之，集体主义指的是人与人之间从出生起就被强大而紧密的内群体联系起来，这个群体在为人们提供保护的同时要求人们对这个群体有极高的忠诚度。罗马尼亚该项指数处于中等偏下的位置，表明罗马尼亚更偏向于集体主义社会，倾向获取集体利益而非个人利益，个人自身的观点并不重要，一切问题都从集体的角度出发去思考，尽力维持和谐的状态。

阳刚气质-阴柔气质在这里表示由社会和文化所决定的角色。阳刚气质象征充满自信和富有竞争力的社会，阴柔气质则象征更加注重人际关系和生存环境的社会。同其他拉丁语系的国家和地区一样，罗马尼亚的阳刚气质指数明显偏低。罗马尼亚对性别的区别对待程度不明显：在家庭中，父亲和母亲共同处理家庭事务和情感问题，男孩和女孩的教育方式相同；在社会上，人们在许多领域的成就不受性别的影响，对成功的定义是高生活质量而非领域最强者。

不确定性规避维度指的是一个社会感受到的不确定性和模糊情景的威胁程度。不确定性规避程度高的国家倾向于通过建立复杂的工作条例以及流程规范等方式，来最大限度地减少不确定性发生的概率，而不确定性规避程度低的国家则对不确定反应不敏感，其工作条例以及流程规范的标准化程度普遍偏低。罗马尼亚具有较强不确定性规避文化，人们倾向于选择承担更少的风险，具有较强的公共纪律性，安全是个人动机的重要参考因素，不能容忍非正统的行为和观念。

每个社会都要与自己的过去保持一定的联系，同时还要应对当前和未来的挑战。社会对这两个目标的优先度排序可以显示出国家文化属于长期导向还是短期导向。长期导向意味着人们崇尚实用主义,培养、鼓励坚韧和节俭;短期导向意味着人们尊重传统,鼓励发扬旧传统与旧习俗。罗马尼亚长期导向指数为52,表明他们鼓励现代教育的节俭和努力,为了未来取得更高成就而坚持不懈地奋斗。

自身放纵-约束维度是人们试图控制自己的欲望和冲动的程度,相对较弱的控制被称为"自身放纵",较强的控制被称为"约束"。罗马尼亚该项得分非常低,是约束型社会,意味着罗马尼亚是一个压制满足需求的社会,人们偏向于压抑自己真实的情绪和感受,不太重视闲暇时间,认为吃喝玩乐是错误的生活方式,他们的一举一动都受社会规范的制约。

第六章 社会

第一节 人口与民族

一、人口

罗马尼亚全国人口在2015年约为1 983万人。其中,城市人口所占比例约为54.6%,农村人口所占比例约为45.4%。0~14岁人口所占比例为15.5%,15~64岁人口所占比例约为67.2%,65岁及以上人口所占比例约为17.3%。男性所占比例约为48.8%,女性所占比例约为51.2%。目前,罗马尼亚有合法居留的中国侨民约7 000人,主要集中在首都布加勒斯特。表6-1是罗马尼亚2014年主要城市及人口分布。

表6-1 罗马尼亚2014年主要城市及人口分布

城市名称	人口(万人)	城市名称	人口(万人)
布加勒斯特	167.8	蒂米什瓦拉	30.4
克卢日-纳波卡	30.9	雅西	26.3
康斯坦察	25.5	克拉约瓦	24.4
加拉茨	23.1	布拉索夫	22.8
普洛耶什蒂	19.8	奥拉迪亚	18.3

资料来源:罗马尼亚统计局。

近年来罗马尼亚人口的老龄化趋势逐渐显现。1990年,0~14岁儿童和少年所占人口比例为23.6%,65岁以上老年人的比例约为

10.4%。到2000年，0~14岁儿童和少年的比例已经下降到约18.3%，65岁以上老年人的比例上升到约13.3%。据专家预测，到2020年，罗马尼亚老年人口的比例可能上升到20%左右，老龄化问题将更加突出。

二、民族

罗马尼亚主要的民族有：罗马尼亚族，人口所占比例约为89.5%；匈牙利族，约占6.6%；罗姆族（亦称吉卜赛族），约占2.5%；乌克兰族和日耳曼族，各约占0.3%；其余民族为俄罗斯族、土耳其族、鞑靼族等，约占0.8%。保护少数民族的利益，传承和发扬他们的文化、语言、宗教和传统，是罗马尼亚政府民族政策的基本内容。表6-2是罗马尼亚2014年各民族分布情况。

表6-2 罗马尼亚2014年各民族分布情况

民族	人口（万人）	所占比例
罗马尼亚族	1 940.94	89.5%
匈牙利族	143.437 7	6.6%
罗姆族	53.525 0	2.5%
乌克兰族	6.135 3	0.3%
日耳曼族	6.008 8	0.3%
其他	17.349 1	0.8%

资料来源：罗马尼亚统计局。

1. 罗马尼亚族

罗马尼亚族是罗马尼亚的主体民族，在全国各县市都有所分布。截至2014年12月，罗马尼亚族在布加勒斯特市所占比例达到97%。罗马尼亚族是古代达西亚人的后裔。公元2世纪早期，罗马人征服达西亚后，与达西亚人混居，成为现代罗马尼亚民族的祖先。经过长期的共居融合，罗马尼亚族在公元5—7世纪基本形成。除在本土定居的罗马尼亚人外，还有990万人生活在周边邻国、西欧、北美洲、南美洲以及大洋洲等地区。

2. 匈牙利族

匈牙利族是罗马尼亚最大的少数民族，主要生活在特兰西瓦尼亚地区。在该地区的一些县，匈牙利族人口占绝大多数，例如哈尔吉塔县的匈牙利族人口占全县人口的比例达到84.6%，科瓦斯纳县的比例也达到了73.8%。除此以外，还有几个县匈牙利族人口也占很大比例，如穆列什县（39.3%）、萨图马雷县（35.2%）、比霍尔县（25.9%）和瑟拉日县（23.1%）等。1990年以后，匈牙利族成立了代表自己利益的政党，为改善民族间关系、维护和发扬匈牙利族的文化传统做出很大贡献，并在罗马尼亚的政治生活中发挥了重要作用。

3. 罗姆族

罗姆族是罗马尼亚的第二大少数民族。一直以来，罗姆族人以其大篷车上漂泊四海的生活方式和窘迫的社会经济地位而备受关注。罗姆人的这种状况，有着深层次的历史和社会原因，有的至今仍是未解之谜。中世纪时，罗姆人从印度迁徙到欧洲和罗马尼亚，由于他们手工艺技术高超，受到当地人的欢迎，成为依附于一些豪门贵胄的仆役，失去人身自由，直到19世纪中叶，罗姆人才获得自由民地位。在第二次世界大战时期安东内斯库政权的统治下，罗姆人再次受到迫害。这些坎坷不幸的经历使罗姆人与主流社会产生隔阂，致使他们贫困化和边缘化。1990年以后，罗姆族积极参加政治活动，组织代表罗姆族的政党参加议会选举，并赢得了席位，为改善罗姆族的政治、社会和经济地位迈出了重要一步。越来越多的国际组织和民间团体加入保护罗姆族的行动之中，罗马尼亚政府也实施多项措施，制订专项计划，以改善罗姆族的现状。

4. 日耳曼族

罗马尼亚的日耳曼族主要集中在特兰西瓦尼亚地区，他们大概在12世纪来到这里，并建立起富裕的聚居区。在罗马尼亚的一些大城市如锡比乌、锡吉什瓦拉和布拉索夫的建立和发展过程中，日耳曼人有着不可替代的重要作用。19世纪，许多日耳曼族人从事贸易致富，成为资产阶级。1945年后，日耳曼人的土地作为战争赔偿被没收，使得一些人迁离罗马尼亚。从20世纪80年代末到90年代初，日耳曼族迁离罗马尼亚的数量达到高峰，仅1989—1991年就有约10万人离开，留在罗马尼亚的日耳曼族大为减少。

5. 俄罗斯族

俄罗斯族生活在多瑙河三角洲，自称"利波维尼人"。由于地处偏远，他们失去与俄罗斯的联系，与俄罗斯本土的俄罗斯人有所不同。

他们嗜饮伏特加酒,传统上以捕鱼为生,对三角洲复杂的水道了如指掌。

第二节　宗教

罗马尼亚是一个基督教国家,总人口中大约有99.9%的人信仰宗教,仅有2万余人是非宗教信仰者或者无神论者,所占人口比例为0.1%。它的主要宗教有东正教(信仰人数占总人口数的86.7%)、罗马天主教(4.7%)、基督教新教(3.2%)、希腊天主教(0.4%)。

东正教是罗马尼亚第一大宗教,它起源于罗马帝国的分裂。在罗马帝国分裂为东罗马帝国和西罗马帝国的同时,基督教也经历了一次巨大的分裂。东罗马帝国迁都君士坦丁堡,并一直认为自己是罗马帝国的延续,伴随罗马帝国一起迁移的基督教徒也认为自己是正宗的,他们把自己的名字命名为"正教",又因地处东方,从而叫作东正教。

东正教是与天主教、基督教新教并立的基督教三大派别之一。

1925年,罗马尼亚东正教会成立,在规模上是东正教中仅次于俄罗斯教会的第二大教会。第二次世界大战之后,罗马尼亚对教会进行了一定程度的限制,取消了学校中的神学课。1989年以后国家取消对宗教发展的限制,信徒获得完全的宗教自由,神学教育得以恢复。国家对各项宗教事务不予干涉,并从财政中拨专款用于修建和维护教堂,支持宗教活动。宗教在政治、经济、社会、文化等各领域的影响力大为增长。

第三节　传统风俗

罗马尼亚的民族风俗与欧洲其他地区既具有相同之处,又富有自己的特点。国内各地的民俗略有差异,但其中体现出的民族传统与风格是基本一致的。农村地区与城市相比,较多地保留了传统风俗。

第六章 社会

一、节假日

罗马尼亚的主要节假日包括：新年（1月1日）、复活节、劳动节（5月1日）、独立日（5月9日）、建军节（10月25日）、国庆节（12月1日）、圣诞节（12月25日）。

圣诞节是所有基督教国家最重要的宗教性节日，是纪念耶稣基督的诞辰日。在罗马尼亚，圣诞节也是全年最喜庆的时刻。进入12月，罗马尼亚便被浓烈的节日气氛所包围，人们开始走亲访友，置办礼品和节日用品。圣诞节当天是家庭团圆的日子，各家各户远在异乡的游子都要在节日前赶回家中。晚上，大家围坐在一起，享受丰盛的圣诞晚餐。在餐桌上的各种美食中，菜肉卷是必备菜。在节日期间，还有儿童组成的合唱队"科林达"走街串巷，挨家挨户唱圣诞颂歌，为大家送上祝福。

复活节是圣诞节之后最重要的宗教节日。按照基督教教义，耶稣基督在受难日后第三天复活，耶稣复活的那天即为复活节，具体日期是每年春分日或其后第一个满月日之后的星期日。复活节前的星期五，即"耶稣基督受难日"的这一天，许多罗马尼亚人进行斋戒，一整天不吃食物、不饮水。按照民间习俗，这一天不可烹制罗宋汤，不可织布和纺线，不可洗浴，不可用肥皂或洗衣服，不可烤制面包。在复活节的夜晚，男女老少都去教堂参加弥撒。做弥撒时，人人手持一根点燃的蜡烛。弥撒结束后，人们将带着这根蜡烛回家，这根蜡烛被称为"复活之光"。回家后，人们将该蜡烛作为圣物保存一年用以祈福。

除宗教性节日外，一些罗马尼亚特有的民间节日也很盛行。3月1日的"默尔齐绍尔"节，是象征着春天来临的节日。按民俗传统习惯，这一天要向少女和妇女赠送名为"默尔齐绍尔"（3月护身符）的小饰物，据传这种护身符会给佩戴者带来好运。护身符由两部分组成，小饰物以及由红（象征爱情）、白（象征纯洁）两股丝线绞成带缨子的绳子组成。在罗马尼亚的一些地区，护身符上还穿有金币或银币，后来硬币逐渐被小饰物取代。

罗马尼亚实行五天工作制，周六、周日为公休日。

二、礼仪风俗

1. 服饰礼仪

在正式场合，罗马尼亚人一般穿深色西装套装或套裙，妇女有时也穿单色的连衣裙。在日常生活特别是节庆活动里，罗马尼亚人大多爱穿传统的民族服装。其民族服装虽然因地区和民族而有所区别，但总体上都色彩绚丽，常通过浓重的色彩对比和简洁的花边取得协调效果，款式丰富多样。罗马尼亚民族服装具有鲜明独特的艺术风格，大部分地区的男子都喜欢穿白色的裤子，有的长及小腿，便将裤脚塞进黑色长筒靴里，并常在腰间扎一条宽皮带或华丽的编织腰带，在他们的衣裤上一般都有绣花与镶边。天冷的时候，他们爱戴黑色羔羊皮帽，还常穿"摩尔多瓦皮袄"，皮袄除绣有众多的花纹、图案外，在缝合处还要嵌上山羊皮条，因而外观华丽。罗马尼亚妇女的传统民族服装，通常上衣为袖管宽大、袖口收紧、绣花镶边的圆领罩衫，下装为同时穿上的、一里一外的两条围裙。乡村妇女还有戴头巾的习惯。

2. 仪态礼仪

罗马尼亚人热情直爽，交谈时喜欢直截了当，讨厌拐弯抹角。男子进门、上车都要让女士先行，下楼梯时男子则在前护卫。在社交场合，他们讲究公共卫生，不随地吐痰，忌讳在宾客面前挖耳、剔牙。

3. 相见礼仪

罗马尼亚人性格活泼开朗，为人热情，善于交际也易于相处，给人一见如故之感。在交际应酬中，所用最多的见面礼是握手，在握手时需要友善地目视对方，以示尊重，否则会被理解为心不在焉或目中无人。熟悉的男子见面时，会相互抱一抱肩膀；相熟的女子见面时，大多还会相互拥抱并亲吻对方的双颊。尊重老人和妇女是罗马尼亚的古风，在许多场合都可以看到向老人脱帽、对妇女吻手的礼仪。罗马尼亚人一般会主动向人打招呼，并致以亲切的问候，他们多用"您"来称呼对方，最常采用的称呼是"先生""夫人""小姐"，或用职衔相称。同辈人有时还彼此称兄道弟。罗马尼亚人的本名在前，姓氏在后，在正式场合应称呼全名或姓氏，在非正式场合，熟人之间可以直呼其名，关系密切者才用爱称。去做客时可以带点礼品，如香水、化妆品、咖啡、牛仔裤等，但以鲜花为最佳礼品。送花时要为单数，不能为双数。

4. 餐饮礼仪

盐和面包是罗马尼亚人生活中不可或缺的食物。客人到来，最隆重的礼节是由主人家的一位姑娘托着盘子向客人送上面包和盐。罗马尼亚人请客吃饭时间较长，宴会通常持续2～3个小时。

5. 喜庆礼仪

在罗马尼亚的农村和山区，至今仍保留着传统婚俗。婚礼前，新娘要用加入牛奶的水沐浴，然后由女友帮助梳妆打扮。

6. 商务礼仪

罗马尼亚人精通生意并善于评估。在谈判时，既能长谈阔论，也很讲究细节。在访问外商办事处或参加应酬时，他们通常是几个人一起参加，极少单独行动，这是罗马尼亚公司的特别之处。另外，若要向商界人士赠送小礼物，可以选取不太昂贵的、印有名字的钢笔或打火机之类的小商品。

7. 旅游礼仪

罗马尼亚旅游资源十分丰富，黑海之滨的天然浴场、喀尔巴阡山奇异的溶洞和温泉等都吸引着世界各地慕名而来的游客。游客在餐馆结账和出门乘坐出租车时，一般要加付10%左右的小费。

8. 主要禁忌

罗马尼亚人喜欢白色与绿色，认为白色象征纯洁、光明，而绿色则代表美好、幸福。他们忌讳"13"和"星期五"。对过堂风十分反感，不论坐车还是在室内，最忌讳同时打开两边的窗户对吹，认为这样会生病。在一般情况下，罗马尼亚人不会主动邀请交情不深的人上门做客。上门拜访时不宜擅自进入卧室或坐在主人的床上，因为这样的举动会被视为不尊重主人。在别人打喷嚏时，罗马尼亚人习惯说一句"干杯"，其本意是预祝健康、吉祥，而不是真的喝酒"干杯"。在罗马尼亚不要随意谈论政治。

三、饮食

罗马尼亚人饮食以肉、奶制品为主，蔬菜和豆类食品摄取量不大。罗马尼亚人视狗为人类的好朋友，不吃狗肉。

罗马尼亚人以面食为主食，兼吃米饭。他们煮饭时爱加少量的盐、醋、植物油，用文火煮1小时左右，吃饭时将米饭放在盘子里，上面放上几片西红柿。

马铃薯也是他们的主食之一，土豆烧牛肉是餐桌上的主角。他们的早餐和晚餐一般比较简单，午餐是一天中的正餐，要求质好量多。午餐通常是以汤开始，然后是主菜（通常是烤制的猪肉、牛肉或鸡肉）与点心。

罗马尼亚人口味比较重，喜焦香、浓郁。其烹饪方法兼有法国、俄国、土耳其等国的烹调形式。各种香肠是罗马尼亚的特产，咸鲱鱼做的色拉也很受欢迎。罗马尼亚人吃黄油较多，喜欢喝清汤，喜欢吃用奶油做的菜，所以烹制的蔬菜常用奶油烧成。牛肚汤是罗马尼亚的传统美食。

罗马尼亚人喜欢用煎、炒、焖、烤的方法制作饭菜，他们在就餐时，餐桌上一定要有盐、胡椒粉等调味品，还要有番茄色拉、黄瓜色拉等，最好再有一盘生圆葱。

罗马尼亚人平时喝咖啡、葡萄酒、橘子汁、矿泉水，一年四季爱喝清凉饮料。

葡萄酒是罗马尼亚特产，罗马尼亚是世界十大葡萄酒酿造国之一，欧洲第五大葡萄酒出产国，世界第八大葡萄酒出产国。罗马尼亚也是一个葡萄酒消费大国，只有很少一部分葡萄酒出口，因此在国际市场上罗马尼亚葡萄酒并不常见。罗马尼亚人称自己的国家是"葡萄酒的土地"。罗马尼亚葡萄酒因质量上乘、工艺独特，屡次在世界性的葡萄酒展览及比赛上摘金夺银。罗马尼亚葡萄酒在国际上的知名度日渐提高，尤其是 Feteasca Regala（"白公主"）和 Recas（"黑姑娘"）等罗马尼亚特有的葡萄酒品种越来越受到各国消费者的喜爱。

第四节　教育

罗马尼亚政府十分重视教育事业。近十多年来，罗马尼亚数次修订教育法，使教育日益适应本国经济发展的需要。

一、教育体制

1. 现行学制

（1）学前教育。此阶段教育在幼儿园进行。幼儿园的主要任务是使3~6岁的儿童得到体智的协调发展，掌握一些准备进小学的必要知识，并培养良好的习惯和品质。

（2）初等教育。主要由八年制普通学校实施（招收6~14岁少年儿童），前四年为低年级，后四年为高年级。初等教育旨在使学生掌握科技和文化的基础知识，以有助于他们的智力和体力的发展；对学生进行政治、思想和爱国主义教育，培养公民道德，培养学生劳动的兴趣和实际本领，为他们进一步学习做好准备。

（3）中等教育。全日制中学修业四年（15~18岁），分为两级：第一级为九至十年级，是十年义务教育的一部分；第二级为十一至十二年级，通过考试录取新生。夜中学在第二级进行，修业三年。中等教育旨在使青年掌握科学文化和专业知识，使他们具有就业或升学所需要的知识和技能；同时，培养学生的劳动观点，进行政治、思想、道德的公民教育，把学生培养成为有广泛文化知识、有较高思想觉悟的人。

（4）高等教育。实施高等教育的学校有大学、学院等，修业期限为3~6年。有些科系办函授教育和夜校，修业期限比全日制多1年。罗马尼亚要求高等学校培养多方面技能的专家，使他们能够迅速地适应经济、社会生活和科学技术方面的变革；高等学校的工作应与生产、设计和科研相结合，使高等学校直接参加国家经济、科学和文化生活。其中比较著名的高校有巴比什-波雅依大学、蒂米什瓦拉西部大学、布加勒斯特大学等。

2. 学期和学时

罗马尼亚各教育机构的一个学年分为3个学期，每周上课5天，小学每天课时为3~5小时，中学每天课时为5~8小时。

二、高等教育改革

罗马尼亚政府已经在欧洲大学协会的支持下，开始实行一系列高等教育改革。改革的重点是将罗马尼亚的54所公立大学和近40所经过官方认可的私立大学划分成三类：第一类是以教学为中心的大学，第二类是教学和研究并重的大学，第三类是以研究为中心的大学。

罗马尼亚将为以教学为中心的大学的本科教育、教学和研究并重的大学的硕士教育和以研究为中心的大学的博士教育提供资金保障。

由于教育体制的不断改革，罗马尼亚教育取得了较大的发展。学校的教育能力有所增强，学生成绩有所提高，形成了完整的教育体系。2012年，罗马尼亚将义务教育范围扩大至十一年，涵盖从小学的学前班到高中10年级。2016年，罗马尼亚全国识字率达98.8%。但是，罗马尼亚教育仍存在显著的两极分化现象。

三、高等学府

罗马尼亚不乏著名的大学，其中较突出的是巴比什-波雅依大学、蒂米什瓦拉西部大学、布加勒斯特大学等。

1. 巴比什-波雅依大学

巴比什-波雅依大学是罗马尼亚乃至欧洲最古老的大学，其前身是1581年由斯特凡·巴托里国王建立的耶稣会学院，至今已经有400多年的历史。巴比什-波雅依大学也是目前罗马尼亚乃至欧洲规模最大的大学，目前拥有45 000名学生和1 700名教职员工。学校配有各式现代化建筑物、高科技标准实验室、图书馆、运动及休闲设施，以及专门为留学生提供的公寓。

巴比什-波雅依大学历经400多年的不懈努力，至今学术成绩斐然。大学在国际上拥有极高的知名度并且与世界上诸多享有盛誉的大学进行学术合作。通过各种交流交换培养计划，学生可以便捷地前往诸如德国莱比锡大学、慕尼黑大学、亚琛工业大学、海德堡大学，法国高等工程师学院、巴黎高等商学院、巴黎第十二大学，瑞典斯德哥尔摩大学，挪威奥斯陆大学，意大利萨皮恩扎大学，美国密歇根大学，韩国东国大学等合作院校进行一段时间的学习深造。

2. 蒂米什瓦拉西部大学

蒂米什瓦拉西部大学坐落在罗马尼亚蒂米什瓦拉，成立于1962年，教学由11个学院来负责。11个学院分别是数学与信息学院、物理学院、化学生物与地理学院、文学历史神学院、社会与心理学院、经济学院、美术学院、音乐学院、体育教育与运动学院、政治哲学传播学院及法律管理学院。蒂米什瓦拉西部大学现已与全球100多所大学建立了合作关系。

3. 布加勒斯特大学

布加勒斯特大学是罗马尼亚的一所公立大学，位于首都布加勒斯特，创建于1864年，是罗马尼亚最好的大学之一，也是在欧洲享有盛名的综合大学，设有哲学、文学、法学、历史学、经济学、语言学、心理学、教育科学、政治社会学、生物化学、物理学、数学等22个学科。罗马尼亚近代和现代的许多著名学者、专家以及政治家毕业于该大学。

第五节　医疗卫生

罗马尼亚拥有较为完善的医疗卫生体系，首都布加勒斯特设有大型综合医院、专科医院、急诊医院、流行病医院、昼夜药店等，各城市均有医院，乡镇设有医疗站和医疗所。

在罗马尼亚，所有向国家保险公司缴纳保费的民众均可不受限制地享受免费医疗。2011年末，罗马尼亚政府宣布对医疗卫生体系进行改革，推行私有化，但遭到民众反对，引发大规模抗议活动。2012年初，罗马尼亚政府被迫暂时中止改革，收回医疗卫生改革法案。随后，政府决定以渐进方式修改现行医疗卫生法规。2013年10月1日至11月1日，卫生部网站公布"基本医疗服务和试点工程"项目，并接受公众评议。

据世界卫生组织统计，2012年罗马尼亚全国医疗卫生总支出占GDP的5.6%，按照购买力平价计算，人均医疗健康支出982美元。2007—2013年，平均每万人拥有医生25人、护理和助产人员56人、牙医6人、药师7人。2013年罗马尼亚人均寿命为74岁。

根据罗马尼亚现行法律，在此经商、学习等取得罗马尼亚合法居留权、长期在罗马尼亚居住的中国公民，必须购买当地人身保险方可申请居留延期。在罗马尼亚有居留权的外国公民还可参加当地多种类别的医疗健康保险。药品需在药店购买，处方药有医生处方方可购买。

第六节　科技

罗马尼亚20世纪90年代经济转轨前,曾经有过科学研究队伍大发展的时期。1965—1980年科研工作者的人数从5万人上升到20万人,为当时国家推行的快速工业化的目标做出了贡献。1990年经济转轨后,科学研究工作受到政治、社会和经济变动的影响,曾一度出现衰退趋势,产生科研队伍减员、人才流失、科研发展减缓等问题。为适应发展市场经济对科学研究的要求,扭转转轨初期科研工作的颓势,罗马尼亚政府对原有科研体制进行了改革,且对科研部门在政策上予以重视和倾斜。经过努力,罗马尼亚在原有相对落后和封闭的科研系统中引进竞争和创新机制以满足国内市场需求,开拓国际市场,并逐步向欧盟科研体制靠拢,与国际标准接轨。

罗马尼亚经过对科研体制的改革后,虽然取得了长足进展,但其科技水平与欧盟发达成员相比仍有较大差距。据罗马尼亚统计局数据显示,2013年,罗马尼亚研发支出总额约为5.51亿欧元(24.65亿列伊),仅占GDP的0.39%。

罗马尼亚高等教育科研和技术开展署主管科技管理职能,其研发体系还包括56个公立大学,46个国家级研究所、技术转移及创新网络平台,50多个技术转移、信息和产业孵化中心。罗马尼亚科学院是罗马尼亚主要的科学、艺术和文学研究机构,始建于1866年,代表国家的最高科研水平,拥有多家研究所和研究中心。2001年,科学院有两家研究所被欧盟评定为优秀研究所。

第七节　新闻媒体

罗马尼亚在1989年剧变后,国家控制所有媒体的局面被打破。按照当局颁布的一系列新法规,新闻和信息实行透明化和公开化,保障言论和出版自由,保护公民个人获得信息的权利,并力促形成有利于私有化改革,有利于社会和个人创新精神的公众舆论氛围。政府通过媒体同社会进行信息交流,依靠新闻传媒密切跟踪改革和发展政策的社会影响,同时鼓励公民使用大众通信手段,讨论经济和社会问题,参与公共事务管理。

主要报刊包括:《真理报》《自由罗马尼亚报》《全国信使报》《罗马尼亚评论报》《今日报》《每日事件报》《经济论坛》《九点钟》(英文)等。

主要通讯社有:罗马尼亚新闻社。

主要广播电台有:罗马尼亚国家广播公司和多家私营电台。

主要电视台有:罗马尼亚电视公司,创办于1958年,1994年组建为电视公司;1990年后陆续建立了ProTV电视台、天线电视台、Prima电视台、ACASA电视台、民族电视台等私营电视台。

主要出版社有:人性出版社、子午线出版社、百科全书出版社、火炬出版社、米内瓦尔出版社、埃米内斯库出版社等。

第七章　外交

罗马尼亚素来以拥有罗马人的血统而骄傲，拥有"大罗马尼亚"的理想，但是由于自身力量的弱小，又不断受到强大邻国的觊觎，因此罗马尼亚一直奉行友好与和平的外交政策，主张在维护和发展本国民族利益的基础上实行广泛的对外开放政策，对外坚持欧美优先、兼顾周边、重视大国原则，并将发展对华关系作为其外交战略优先方向。罗马尼亚于2004年3月29日加入北约，2007年1月1日加入欧盟，目前与191个国家保持外交关系。

第一节　对外政策

罗马尼亚奉行友好与和平的外交政策，主张在维护和发展本国民族利益的基础上实行广泛的对外开放。罗马尼亚在地理上拥有黑海西海岸最长的海岸线以及这一地区最大的港口，而黑海是联结地中海、中亚和中东的枢纽，因此它在对外政策方面表现为，通过加强欧盟、北约、欧洲委员会的联系，以及在本地区努力建立睦邻关系，来实现罗马尼亚的国家安全，同时又利于欧洲的稳定和安全。当前欧盟经济增长缓慢，经济危机导致的不平衡问题继续存在，英国脱欧也将引发欧盟层面出现大的分化，对罗马尼亚来说既是挑战，也是机遇；恐怖主义日渐频繁的趋势仍未改变，罗马尼亚正处在新的地缘政治关系中。罗马尼亚重视巩固与战略伙伴国家的关系，尤其是将加强和美国关系作为基础性目标；积极参与有关欧盟未来的讨论，实施更加积极的对外政策；同时积极加强与中国、土耳其和以色列的合作，落实和中国高层领导达成的共识以及中国-中东欧国家合作框架下确定的合作举措，重点加强和中国在经贸领域的合作。

第二节　对外关系

一、同美国的关系

1964年6月1日，罗马尼亚与美国建立大使级外交关系。2007年8月，美国在罗马尼亚建立军事基地。2010年2月，罗马尼亚最高国防委员会决定同意美国在罗马尼亚境内部署新反导系统。2011年9月，罗马尼亚总统伯塞斯库访问美国，两国签署《关于21世纪战略伙伴关系的联合声明》《弹道导弹防御协议》。2011年12月23日，罗马尼亚和美国的《弹道导弹防御协议》正式生效。

2013年3月19日，罗马尼亚总统伯塞斯库赴梵蒂冈出席新教皇贝尔戈里奥的就职典礼，并在罗马与美国副总统拜登简短会晤。2013年4月30日至5月2日，美国助理国务卿罗斯·戈特莫勒访问罗马尼亚，出席北约反导系统会议。2013年6月18日，罗马尼亚总统伯塞斯库、总理蓬塔分别会见美国中央情报局局长布伦南，讨论罗马尼亚和美国的战略伙伴关系、推动美国来罗马尼亚投资和情报领域合作等问题。2013年10月21日至23日，罗马尼亚总理蓬塔访问美国。

2014年4月，罗马尼亚外交部部长科尔勒基亚努在华盛顿同美国国务卿克里会晤，宣布在乌克兰危机的背景下，罗马尼亚会毫不迟疑地支持西方对俄罗斯的制裁。2014年5月，美国副总统拜登访问罗马尼亚，并同罗马尼亚总统伯塞斯库和总理蓬塔进行了会晤，内容涉及美国巩固同罗马尼亚经济关系的重要性以及取消罗马尼亚人进入美国签证等问题。拜登发表演讲时强调，罗马尼亚永远是美国值得信任的伙伴。2014年10月，美国军队接管了对罗马尼亚南部德维塞卢镇军事营地的指挥权。2014年11月17日，美国副国务卿罗斯·戈特莫勒对罗马尼亚进行两天的正式访问，讨论双方关系和国际安全问题。

2015年5月26日，罗马尼亚、保加利亚和美国在罗马尼亚东部的图尔恰县举行代号为"铂鹰15"的多国军事演习，罗马尼亚国防部部长杜沙、众议院国防委员会主席莫奇瓦尔卡和美国驻罗马尼亚临时代办汤普森观摩了军事演习。750多名军人参加了这次旨在强化军事职业能力、提高3国军队互通性的演习。2015年9月，北约军事整合机构在罗马尼亚正式成立。北约跨国分部——东南总部随后在布加勒斯特成立。2015年9月25日至29日，罗马尼亚总统约翰尼斯对美国进行访问，在华盛顿同美国副总统拜登进行了会晤。2015年12月18日，在罗马尼亚首都布加勒斯特，罗马尼亚和美国官员在反导系统建成仪式上合影。当天，罗马尼亚外交部举行美国设在罗马尼亚南部德维塞卢的反导系统建成仪式。罗马尼亚外长在建成仪式上说，反导系统的建成对罗马尼亚、美国及北约来说都是"重要时刻"。

2016年5月12日，美国启动位于罗马尼亚的价值8亿美元的导弹防御系统。美国和北约高官见证了罗马尼亚德维塞卢空军基地的弹道导弹防御基地投入运行。2016年5月22—25日，罗马尼亚总理乔洛什访美，同美国副总统拜登进行会晤。

二、同俄罗斯的关系

罗马尼亚与俄罗斯于1945年8月6日建立公使级外交关系，8月24日，两国外交关系升格为大使级。

2013年6月17日，罗马尼亚总统伯塞斯库和总理蓬塔分别会见访罗的俄罗斯联邦安全委员会秘书帕特鲁舍夫，并签署了罗马尼亚最高国防委员会与俄联邦安全委员会合作备忘录。2014年3月，罗马尼亚表示支持欧盟，俄罗斯如果继续违反明斯克停火协议，将支持对俄联邦实施的制裁。2014年8月，借欧亚峰会之际，罗马尼亚总统伯塞斯库同俄罗斯总统普京在米兰进行了会晤，并就双方关系的状况进行了一次简短的讨论。

三、同周边及欧盟其他国家的关系

出于区域经济一体化发展的需要，同时基于罗马尼亚本国经济、政治、安全和文化方面的考虑，以及国内政界和民众的推动，罗马尼亚在冷战结束后，积极转变其对外政策，"回归欧洲"是其政治和外交的首要目标。经过一系列的努力，罗马尼亚终于在2007年1月1日加入欧盟，成为欧盟成员国之一。对于欧盟和罗马尼亚来说，罗马尼亚

第七章 外交

入盟是一个双赢的决定，罗马尼亚有超过七成的货物贸易在欧盟区域内进行，这给罗马尼亚带来了切切实实的利益，同时也给欧盟带来了一系列的影响。从对外交往来看，加入欧盟以来，罗马尼亚与欧盟其他成员国及周边国家关系日益密切。

2013年2月，罗马尼亚总理蓬塔访问欧盟总部以及法国。2013年4月，欧盟多瑙河战略国家协调员会议在罗马尼亚首都布加勒斯特召开。5月，英国议会下议院议长伯科访问罗马尼亚，塞尔维亚总理兼内务部部长达契奇访问罗马尼亚。2013年6月，罗马尼亚总统伯塞斯库和总理蓬塔共同出席在斯洛伐克首都布拉迪斯拉发举行的中东欧国家首脑会议；罗马尼亚总理蓬塔分别访问波兰、德国。2013年7月，法国总理埃罗访问罗马尼亚；罗马尼亚总理蓬塔访问西班牙。2013年8月，罗马尼亚总理蓬塔访问摩尔多瓦。2013年9月，罗马尼亚总理蓬塔访问芬兰。2013年11月，中东欧14国总理在罗马尼亚出席中国-中东欧国家领导人会晤；罗马尼亚总统伯塞斯库访问摩尔多瓦。

2014年2月，罗马尼亚总统伯塞斯库在布鲁塞尔同欧盟委员会主席巴罗佐进行会晤。2014年3月，罗马尼亚总理蓬塔对欧盟时任主席国希腊进行工作访问。2014年5月，罗马尼亚总理蓬塔会见了由国际货币基金组织、欧盟委员会和世界银行组成的共同使团。2014年6月，罗马尼亚总理蓬塔访问科索沃。2014年12月，罗马尼亚总统伯塞斯库参加欧盟领导人峰会。罗马尼亚总理蓬塔出席在塞尔维亚贝尔格莱德举行的第三届中国-中东欧国家领导人会晤。罗马尼亚总统伯塞斯库、当选总统约翰尼斯和总理蓬塔对在摩尔多瓦共和国举行的大选中亲西方政党的胜利表示欢迎。

2015年2月，总统约翰尼斯出访德国。6月，总统约翰尼斯出访西班牙与克罗地亚。10月，总统约翰尼斯出席欧盟委员会西巴尔干半岛移民会议。11月，总统约翰尼斯接待来访的波兰总统，就两国合作伙伴关系进行深入探讨。12月，英国首相卡梅伦在布加勒斯特同罗马尼亚总理乔洛什进行会晤。

2016年，法国总统奥朗德、德国总统高克、意大利总统马塔雷拉和众议长博尔德里尼、斯洛伐克总统基斯卡、塞尔维亚总理武契奇、匈牙利外长西亚尔多、马耳他外长维拉、波黑外长茨尔纳达克等访问罗马尼亚。罗马尼亚总统约翰尼斯访问波兰、卢森堡、保加利亚、立陶宛等国。

2017年1月1日，是罗马尼亚加入欧盟10周年纪念日。2007年1月至2015年9月底，罗马尼亚累计获得欧盟非偿付资金405亿欧元，同期向欧盟贡献136亿欧元，两相抵消罗马尼亚净获得资金269亿欧元。虽然经济上获得欧盟较多帮助，但入盟10年后，罗马尼亚的经济在欧盟内排名仍居末位。

罗马尼亚统计局公布的数据显示，罗马尼亚最主要的贸易伙伴为欧盟内国家。2015年，欧盟内进出口总额为888.16亿欧元，同比增长9.08%，占罗马尼亚同期进出口总额的75.5%。其中，出口402.41亿欧元，同比增长7.9%，占同期出口总额的73.7%；进口485.85亿欧元，同比增长10.1%，占同期进口总额的77.2%。欧盟外进出口总额为287.37亿欧元，同比增长2.8%，占罗马尼亚同期进出口总额的24.5%。其中出口143.56亿欧元，同比下降5.2%，占同期出口总额的26.3%；进口143.81亿欧元，同比下降0.1%，占同期进口总额的22.8%。据罗马尼亚统计局公布的数字显示，2016年，罗马尼亚实现GDP毛总值7 592亿列伊（约合1 620亿欧元），较2015年增长4.8%，增速较三季度的4.4%继续加快，经季节因素调整后实际增幅亦为4.8%，为2008年以来增速最快的一年，连续两年居欧盟首位。

四、同中国的关系

中国与罗马尼亚自1949年10月5日建交以来，一直保持着友好合作关系。罗马尼亚历届政府均奉行对华友好政策，坚持一个中国的原则立场。1971年10月，在第二十六届联合国大会上，罗马尼亚作为联合提案国，投票赞成关于恢复中华人民共和国在联合国的一切合法权利的决议。

1996年国家主席江泽民访问罗马尼亚，1997年罗马尼亚总统康斯坦丁内斯库访华，使两国之间的关系得到进一步的发展。2003年8月，罗马尼亚总统伊利埃斯库来华进行国事访问，双方签署联合声明。2004年6月，胡锦涛主席对罗马尼亚进行国事访问。访问期间，胡锦涛主席与罗马尼亚总统伊利埃斯库举行了会谈，分别会见了罗马尼亚参议院议长沃克罗尤、众议院议长多尔内亚努、总理讷斯塔塞等，并与伊利埃斯库总统签署了《中华人民共和国与罗马尼亚关于建立全面友好合作伙伴关系的联合声明》。2004年6月,中国和罗马尼亚建立了全面友好合作伙伴关系。

2005年5月9日,胡锦涛主席在莫斯科出席俄罗斯纪念反法西斯战争胜利60周年庆典期间与罗马尼亚总统伯塞斯库进行双边会晤。全国人大常委会副委员长兼秘书长盛华仁在纽约联合国总部会见了罗马尼亚参议院副议长梅列什卡努。罗马尼亚外交部部长温古雷亚努、内务部部长布拉加等访华。2005年6月,北京和布加勒斯特结为友好城市,至此,双方友好城市达27对。两国高层交往频繁,相互了解与信任不断增强,在联合国及其他国际组织中合作良好,各领域的交流与合作富有成果。

2006年3月27日至29日,罗马尼亚总统伯塞斯库偕夫人对中国进行国事访问。胡锦涛主席与伯塞斯库总统举行了会谈。全国人大常委会委员长吴邦国、国务院总理温家宝分别会见了伯塞斯库总统。伯塞斯库总统访问了北京和上海,并在两地分别出席了中国和罗马尼亚经济论坛并发表讲话。2006年5月17日至20日,应罗马尼亚议会参议院议长沃克罗尤和众议院议长奥尔泰亚努的邀请,吴邦国委员长对罗马尼亚进行了正式友好访问。此系中国与罗马尼亚建交57年来,全国人大常委会委员长首次访罗。

2007年4月15日至17日,回良玉副总理对罗马尼亚进行正式友好访问,与罗马尼亚参议长沃克罗尤、总理特里恰努分别进行会谈。2008年8月8日至9日,罗马尼亚总统伯塞斯库来华出席北京奥运会开幕式,与国家主席胡锦涛会见。伯塞斯库总统在出席胡锦涛主席举行的奥运会开幕式欢迎招待会上同全国政协主席贾庆林就双边关系和共同关心的问题亲切交谈。伯塞斯库总统还同中国企业联合会会长王忠禹会谈。2009年10月18日至20日,应罗马尼亚总统伯塞斯库邀请,中国国家副主席习近平对罗马尼亚进行正式访问,同罗马尼亚总统伯塞斯库会谈,分别会见罗马尼亚参议长杰瓦讷、众议长阿纳斯塔塞、总理博克以及对华友好人士,同时出席了中国同罗马尼亚建交60周年研讨会和中罗经贸论坛暨企业家洽谈会并分别致辞。

2010年7月28日至30日,罗马尼亚外长巴孔斯基来华出席上海世博会罗马尼亚国家馆日活动。2011年4月13日,中共中央政治局常委李长春对罗马尼亚进行正式友好访问,在布加勒斯特分别会见了罗马尼亚总统伯塞斯库、参议院议长杰瓦讷、总理博克、外长巴孔斯基。2012年4月26日，温家宝总理在波兰华沙出席中国-中东欧国家领导人会晤和经贸论坛期间，会见罗马尼亚总理温古雷亚努。

2013年6月29日至7月3日，罗马尼亚总理蓬塔赴华出席中国-中东欧国家领导人会议。9月20日至24日，应罗马尼亚议会邀请，中国全国人大常委会副委员长吉炳轩率全国人大代表团访问罗马尼亚。中国国务院总理李克强于2013年11月25日至29日对罗马尼亚进行正式访问并出席中国-中东欧国家领导人会晤，发表了《布加勒斯特行动纲要》。

2014年8月13日至15日，全国政协副主席、科技部部长万钢应邀访问罗马尼亚。9月1日，罗马尼亚总理蓬塔访问中国，国家主席习近平、国务院总理李克强、全国人大常委会委员长张德江分别会见蓬塔。9月25日，张高丽副总理应邀对罗马尼亚进行正式访问。12月16日国务院总理李克强在贝尔格莱德会见出席中国-中东欧国家领导人会晤的罗马尼亚总理蓬塔，签署了《贝尔格莱德纲要》，宣布设立30亿美元规模投资基金，启动第二期10亿美元中国-中东欧投资合作基金，支持对中东欧投资，这为推动中国和罗马尼亚经贸关系深入发展注入了动力。

2015年9月26日，国家主席习近平在纽约会见罗马尼亚总统约翰尼斯。习近平强调，中罗两国传统友好，罗马尼亚是最早同新中国建交的国家之一，长期在涉华核心利益和重大关切问题上坚定支持中方立场。中国人民珍视同罗马尼亚人民的情谊。面向未来，中罗关系前景广阔。双方要加强对双边关系发展方向和重点的规划，不断丰富中罗关系内涵。双方要讲求实效，全面拓展两国务实合作。我们愿同罗方一道，在"一带一路"框架内加强能源和基础设施建设等领域合作，推动有关重点项目建设取得进展。双方要继续深化人文交流，推动旅游、文化、艺术、出版等领域交流合作，夯实中罗友好民意基础。

2016年6月21日，全国政协副主席、中国人民争取和平与裁军协会会长韩启德率代表团访问罗马尼亚，分别会见了罗马尼亚参议长特里恰努、副议长尼斯托尔及外委会主席菲利普，就双边关系及议会交往、共建"一带一路"、推进"16+1合作"、重大国际及地区议题等深入交换看法和意见，达成广泛共识。2016年11月5日，李克强总理在

第七章 外交

里加会见出席中国-中东欧国家领导人会晤的罗马尼亚总理乔洛什。

2017年11月26日为期3天的罗马尼亚第五届亚洲节在首都布加勒斯特落幕,中国首次出任亚洲节主宾国。2017年11月27日,李克强总理在布达佩斯出席第六次中国-中东欧国家领导人会晤,中东欧16国领导人参加,欧盟、奥地利、瑞士、希腊、白俄罗斯和欧洲复兴开发银行作为观察员与会。现阶段,中国与欧盟正在着力打造"和平、增长、改革、文明"四大伙伴关系,加快推进中欧投资协定谈判。罗马尼亚作为欧盟成员国,是中国同中东欧国家乃至同整个欧洲合作的重要支点,也是"一带一路"倡议的重要沿线国家,中国和罗马尼亚两国之间的友好关系具有长期性、全面性、稳定性的特点。这些都使得中国和罗马尼亚两国更加紧密地联系在一起,成为命运共同体。

第八章 经济

第一节 概述

罗马尼亚经济在2008年金融危机前保持快速增长势头,随后受金融危机影响有所衰退,2011年开始经济逐渐复苏。2011年和2012年,罗马尼亚国内生产总值(本章简称GDP)同比分别增长2.5%和0.7%;在2013年,其值同比增长了3.5%,在欧盟28个成员国中增速位列第一。2016年,罗马尼亚GDP为1 690亿欧元,同比增长4.8%,依旧是欧盟成员国中增速最快的一个,这也使得罗马尼亚仍然保持着欧盟第十七大经济体的地位,如表8-1所示。

表8-1 2012—2016年罗马尼亚GDP统计

年份	2012	2013	2014	2015	2016
GDP(亿欧元)	1 317.2	1 428	1 481	1 590	1 690
实际增长率(%)	0.7	3.5	2.8	3.7	4.8
人均GDP(欧元)	6 924	7 098	7 431	8 397	8 576

资料来源:罗马尼亚统计局、欧盟统计数据库。

从2016年的统计数据来看,罗马尼亚农业、工业和服务业分别占GDP的为4.36%、25.79%、69.85%。由此可见,服务业在罗马尼亚占据主导地位,而其传统特色产业——农业则占比较低。虽然罗马尼亚近年来进出口额均呈上升趋势,却始终存在着贸易逆差的情况。2016年,罗马尼亚货物进口额为673.63亿欧元,出口额为573.92亿欧元,全年货物贸易逆差99.71亿欧元,如图8-1所示。

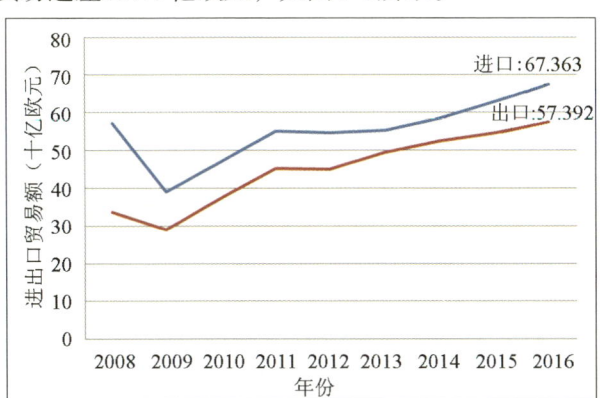

图8-1　罗马尼亚进出口贸易额

资料来源:新浪财经,http://finance.sina.com.cn/worldmac/#compare.shtml?indicator=SP.RUR.TOTL&nation=RO&type=0。

根据罗马尼亚国家银行发布的数据,截至2016年底,罗马尼亚国家银行国际储备总额为379.05亿欧元(包括外汇储备342.42亿欧元和黄金储备103.7吨),短期及长期外债余额合计925.32亿欧元,同比增加2.3%;罗马尼亚政府债务合计2 859.95亿列伊,占GDP的37.6%,其中长期债务占到了93.1%。2015年5月,罗马尼亚财政部向欧盟总部布鲁塞尔提交了2015—2018年经济趋同计划。根据该计划,2014年罗马尼亚结构性预算赤字占GDP的1%,2015年设定目标为1.45%,2016—2018年在1.2%以下。

自2008年金融危机后,罗马尼亚的通胀增率逐年降低,于2015年出现负增长,2016年通胀增率低至-1.1%,继2015年成为1971年以来第二次出现负值的年份,该值直到2017年才有所回升,如表8-2所示。同样受到经济危机的影响,罗马尼亚人口失业率从2008年到2011年不断攀升,最高达7.2%,随后在经历了小幅的波动后有所下降,于2016年下降至5.9%,但其中长期失业的人口占到了失业总人口的50%,如表8-3所示。

表 8-2　2010—2017 年罗马尼亚通胀年增率

年份	2010	2011	2012	2013	2014	2015	2016	2017
年平均通胀率（2015 年=100）	87.73	92.84	95.98	99.04	100.41	100	98.93	100
按 CPI 计通胀年增率（%）	6.1	5.8	3.4	3.2	1.4	-0.4	-1.1	1.1

资料来源：欧盟统计数据库。

表 8-3　2008—2016 年罗马尼亚失业情况

年份	2008	2009	2010	2011	2012	2013	2014	2015	2016
失业率（%）	5.6	6.5	7.0	7.2	6.8	7.1	6.8	6.8	5.9
长期失业人口占失业总人口比例（%）	41.3	31.6	34.5	41.0	44.2	45.2	41.1	43.9	50.0

资料来源：欧盟统计数据库。

从上述各项指标变化来看，在金融危机的影响下，罗马尼亚在经历了五年的萧条期后于 2016 年逐渐恢复。本章随后将从农业、工业、建筑业、旅游业、交通物流、商业与服务业六个产业板块对罗马尼亚经济进行分析。

第二节　农业

曾有"欧洲粮仓"美称的罗马尼亚长期以来都是欧洲主要的粮食生产国和出口国，农业是其传统的经济部门，也曾扮演经济发展主力军的角色，在最高年份，国民收入的 40% 来自农林业。但在 1990 年后，由于 80% 以上的农业土地实行了私有化，加之农业资金的严重缺乏，罗马尼亚农业生产率急剧下降，品类也有所减少，60%~70% 的农产品和食物需要从土耳其、西班牙、意大利等国进口以满足国内市场的需求。2016 年，罗马尼亚农业总产值为 65.91 亿欧元，仅占国内生产总值的 3.9%。

罗马尼亚位于东南欧巴尔干半岛东北部，与我国辽宁地区的纬度相同，气候也基本相似，温度适宜、雨量充足，很适合农作物的生长，因此种植业是罗马尼亚农业中最重要的部分，包括谷物、经济作物和各种蔬菜瓜果等。其主要作物有小麦、玉米、马铃薯、向日葵、油菜、葡萄和苹果等。图8-2列出了罗马尼亚种植业中不同作物分类下2008年至2017年的产值。根据图示，罗马尼亚的种植业以谷物为主，其次是蔬菜和饲料植物，而水果和经济作物只占种植业中很小的一部分。在经济危机的影响下，各种作物的产值在2008年均有所下降，其中谷物、饲料植物和蔬菜的下降幅度较大，在2009年均有小幅回升，但随后谷物的产值一直处于大幅的波动当中。2015年后产值呈上升趋势，蔬菜、水果经过小幅波动后分别稳定在20亿欧元和10亿欧元，饲料植物逐渐下降（2017年产值为12.867亿欧元）而经济作物缓慢上升（2017年产值为19.098亿欧元）。葡萄酒酿制也是罗马尼亚农业产出的重要部分。罗马尼亚葡萄产量丰富，品种优质，全国各地都遍布着各式各样的葡萄园和酒窖，葡萄种植面积在欧洲各国中排名第五，仅次于葡萄牙，在世界排名前十五位，葡萄种植面积占全国可耕地面积的5%以上，罗马尼亚人称自己的国家是"葡萄酒的土地"。2017年罗马尼亚的葡萄产量超168万吨，在欧洲排名第五，位列英国之后，占整个欧洲葡萄产量的7.8%。

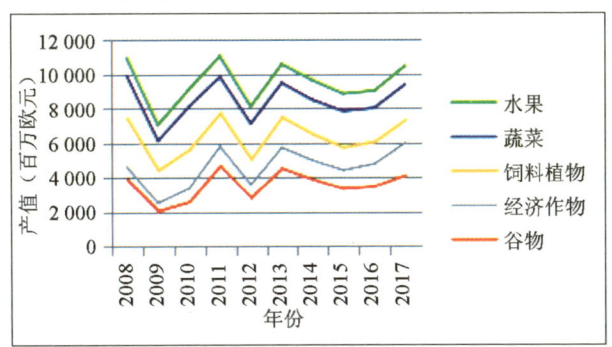

图8-2　2008—2017年罗马尼亚农作物分类产值

资料来源：欧盟统计数据库。

除种植业外，畜牧业在罗马尼亚分布广泛，常见的家禽品种有牛、猪、羊、马、鸡、火鸡、鸭、鹅等，罗马尼亚的牲畜及动物产品（如牛奶、鸡蛋等）占到其农业产值的近30%，从表8-4可以看出，罗马尼亚动物产品的产值均高过其牲畜的产值，动物产品自2008年后呈现波动下降的趋势，2017年为20亿欧元；牲畜产值在2010年到达低谷后近年缓慢上升，2017年达到近19亿欧元。在罗马尼亚，比较重要的农业企业有Interagro公司、Cervina公司、Vegetal公司等。

表8-4 罗马尼亚2008—2017年牲畜及动物产品产值　　　单位：百万欧元

年份	2008	2009	2010	2011	2012	2013	2014	2015	2016	2017
牲畜	1 973.2	2 059.9	1 624.0	1 720.0	1 751.4	1 911.4	1 890.8	1 895.8	1 807.0	1 881.8
动物产品	2 288.8	2 169.8	2 011.7	2 169.7	2 241.2	1 996.2	2 076.4	2 124.4	1 972.7	2 000.5

资料来源：欧盟统计数据库。

根据欧盟统计数据库的数据显示（如表8-5所示），在2013年罗马尼亚拥有不同规模的农场约363万家，所占农业用地1 306万公顷，其中拥有牲畜的农场近273万家。农场中直接雇佣的劳动力约为155万人，占欧盟的16%。这一数量于2015年降至129万人，后在政府的鼓励下于2017年上升至161万人。值得注意的是，大约有87.6%的农场都会消耗自己生产的产品，且消耗量在50%以上，因此要满足国内所有的农产品需要，罗马尼亚不得不从国外进口农产品。从地区上来看，东北地区、蒙特尼亚地区及西南区的农场数量较多，这三个地区投入劳动力也较大。与2010年的各项数据相比，可以看出，在2010年至2013年，罗马尼亚的农业投入总体呈下降趋势，农业投入的不足，是造成2010年后农业产出下降的重要原因。

表8-5 罗马尼亚分地区农业投入情况（2013年）

地区	农场数（家）	农业用地（公顷）	拥有牲畜的农场数（家）	直接雇佣劳动力（人）	自用产品占50%以上的农场数（家）
西北	499 860	1 783 180	331 130	216 420	421 780
中部	358 470	1 693 990	247 360	156 160	292 020
东北	754 530	1 937 080	595 440	325 690	684 120
东南	433 040	2 092 500	331 510	194 360	363 620
蒙特尼亚地区	753 590	2 250 950	588 690	279 380	671 780

续表

地区	农场数（家）	农业用地（公顷）	拥有牲畜的农场数（家）	直接雇佣劳动力（人）	自用产品占50%以上的农场数（家）
布加勒斯特	25 320	75 570	16 870	12 150	18 480
西南	557 850	1 574 200	433 810	251 630	525 410
西部	247 000	1 648 380	182 910	116 840	201 280
总计	3 629 660	13 055 850	2 727 720	1 552 630	3 178 490

资料来源：欧盟统计数据库。

在历史上，罗马尼亚是欧洲农产品重要的出口国之一，但由于竞争力下降，现已成为净进口国。2016年，其农产品出口59.5亿欧元，同比增长3.8%，进口65.1亿欧元，同比增长11.8%，农产品贸易逆差达5.57亿欧元，较2015年增长了5倍。从出口产品看，2016年出口小麦700万吨，总值11.4亿欧元，是农产品出口中的主力，出口玉米、油菜籽、葵花籽总值分别为3 437.02亿欧元、5.49亿欧元和4.9亿欧元。同时，出口活牛1.59亿欧元，烟草1.76亿欧元，巧克力7 130万欧元，面包、糖果及饼干1.07亿欧元，猪肉4 900万欧元，活猪1.66亿欧元，肠类制品4 280万欧元。从进口产品看，进口猪肉19.7万吨，总值3.44亿欧元；小麦215.6万吨，总值3.3亿欧元；奶酪6.35万吨，总值1.78亿欧元。除此之外，还进口咖啡1.98亿欧元，柑橘1.63亿欧元，香蕉1.25亿欧元，禽肉1.61亿欧元。从总体上来看，罗马尼亚农业生产运营模式与我国绿色农业、生态农业、立体农业和旅游观光农业等先进模式相比较为老旧，这也是其竞争力低下的部分原因。

第三节 工业

罗马尼亚的主要工业部门有石化工业、机器制造和木材加工等。其中采矿业企业数量自2008年后一直在1 100家左右波动，产值则呈下降趋势。2008年采矿业的总产值为78.5亿欧元，而到2016年，其产值下降至45.4亿欧元，不足2008年的60%；员工数也同样逐年下降，由 2008 年的 85 000 多人下降至不足 50 000 人。但随着科技的进步，其劳动附加值呈上升的趋势，在 2012 年前采矿业的每单位劳动力附加值不足 60 000 欧元，而 2012 年后，除在 2015 年有所下降，采矿业的劳动力附加值基本稳定在 60 000 欧元以上并不断增加。罗马尼亚石油储量在欧洲（不包括俄罗斯）位居挪威、英国和丹麦之后，排第四位；2016 年，罗马尼亚石油产量为 357.7 万吨油当量，同比下降 4.3%；石油进口约 746.8 万吨油当量，同比增长 13.2%。根据罗马尼亚能源部公布的能源战略预计，2030—2050 年，罗马尼亚原油产量将延续下降态势。2016 年，罗马尼亚生产煤炭 421 万吨油当量，同比下降 10.1%；进口净煤量为 52.1 万吨油当量，同比下降 6%；生产天然气 748 万吨油当量，同比下降 12.5%。罗马尼亚重要的石化企业有 OMVPetrom 公司、Rompetrol 公司和 Lukoil 公司。图 8-3 反映了 2008—2016 年罗马尼亚工业产值。

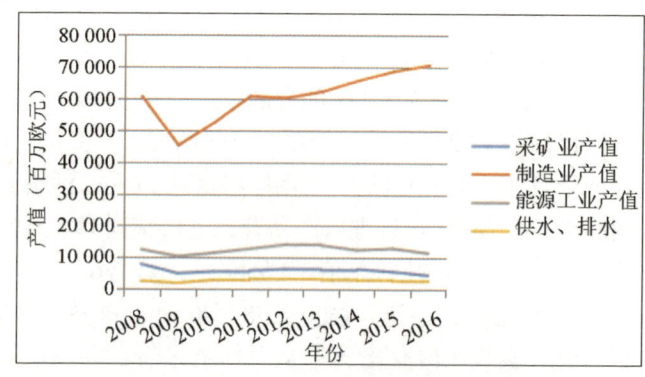

图 8-3　2008—2016 年罗马尼亚工业产值

资料来源：欧盟统计数据库。

　　制造业在罗马尼亚工业中所占体量最大，根据 2016 年的欧盟统计数据显示（如表 8-6），罗马尼亚制造业企业数为 48 347 家，较 2008 年减少了近 9 000 家，员工数目也减少了约 20 万人，但其总产值却并没有因企业和员工数目的减少而减少，2008 年制造业总产值约为 605 亿欧元，而在 2016 年，其总产值约为 705 亿欧元。劳动附加值也在波动的情况下呈上升的趋势，2015 年制造业每单位劳动力附加值为 12 800 欧元。

表8-6 罗马尼亚2008—2016年制造业企业情况表

年份	企业数（家）	产值（百万欧元）	员工数（人）	每单位劳动力附加值（欧元）
2008	57 305	60 549.5	1 391 311	11 000
2009	54 652	45 142.4	1 185 201	9 600
2010	48 933	52 459.6	1 118 703	11 300
2011	45 052	60 673.8	1 158 200	11 400
2012	46 004	60 231.5	1 156 583	11 500
2013	46 761	62 207.7	1 157 168	12 000
2014	48 091	65 635.1	1 170 199	13 400
2015	48 405	68 576.6	1 192 380	12 800
2016	48 347	70 527.9	—	—

资料来源：欧盟统计数据库。

罗马尼亚的能源工业主要包括电、煤气、蒸汽及与之有关的产业，其企业数自2008年以每年100到200家的速度上升，在2014年超过1 500家后逐渐下降，2016年罗马尼亚从事能源工业的企业为1 349家。其产值在近几年里除在2012年达到141亿欧元，基本稳定在125亿欧元左右，2016年其产值降至115亿欧元，员工数逐年降低，而劳动附加值有所上升，每单位劳动力附加值从2008年的32 200欧元上升到2015年的45 200欧元。除此以外，罗马尼亚也逐渐开始重视新能源工业的发展，我国企业也在罗马尼亚投资或承建了多个光伏及风能电站项目。

第四节 建筑业

罗马尼亚建筑业数据都以2010年为基数（100）。

一、建筑业产出

罗马尼亚建筑业的产出情况如图8-4所示。2011—2016年罗马尼亚的大型建筑产出（前三年基本不变），比2010年的产出增加4%左右，而2014年则比2010年产出降低3%，达到了6年的最低点，随后的2015—2016年回升10%后又降低5%。罗马尼亚的民用工程产出情况和大型建筑产出状况相近，在2014年达到最低点。房屋建设产出在前三年不断减少，于2013年达到最低点96.7，随后开始增长，2016年的房屋建设产出比2010年增长了21.8%。

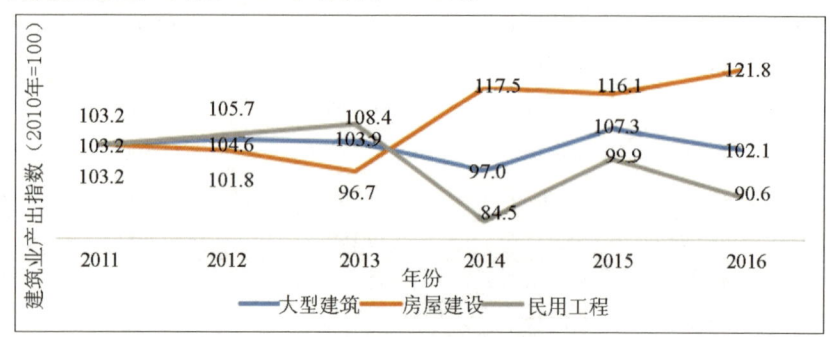

图8-4　罗马尼亚建筑业产出

资料来源：欧盟统计数据库。

欧盟28个国家的建筑业产出指数如表8-7所示。表中数据显示欧盟28个国家的建筑产出平均水平都低于100，说明相比2010年，欧盟的建筑行业产出在降低，欧盟整体的建筑行业发展较为缓慢。罗马尼亚的建筑产出除2014年外基本高于欧盟28个国家的平均水平，2016年罗马尼亚的民用工程产出低于欧盟的平均水平，说明罗马尼亚民用工程发展相对落后，而大型建筑和房屋建设在持续产出。建筑产出在中东欧16国中处于中间水平，说明其建筑业发展依旧存在较大的提升空间。

表8-7　欧盟28个国家建筑业产出指数（2010年=100）

年份	2011	2012	2013	2014	2015	2016
大型建筑	98.5	93.1	91.4	94.3	95.0	96.7
房屋建设	98.2	93.6	92.0	95.6	95.9	98.2
民用工程	100.2	91.7	89.4	89.9	92.8	92.2

资料来源：欧盟统计数据库。

二、建筑业成本

罗马尼亚建筑业的成本情况如图8-5所示。如图可知建造成本和劳动成本的发展趋势在2011—2016年截然相反。劳动成本在2011—

2013年上升较慢，相比2010年的劳动成本增长控制在10%内；2014—2016年则上升较快，每年均上升超过10%；在2016年劳动成本达到134.9，为6年来最高。建造成本在2012年上升后开始呈回落趋势，2015年的建造成本相比2010年仅高出9.6%，而2016年的建造成本和2015年相比变化不大。

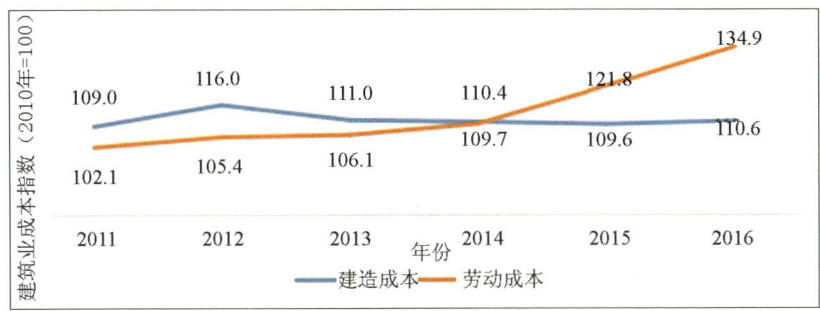

图8-5 罗马尼亚建筑业成本

资料来源：欧盟统计数据库。

欧盟28个国家的建筑业成本指数如表8-8所示。从表中可以看出欧盟28个国家的建筑业成本的平均水平都在缓慢增长，罗马尼亚建造成本和劳动成本均高于欧盟28个国家的平均水平。根据欧盟统计数据库的官方数据显示，在2011年和2012年罗马尼亚的建造成本在中东欧16国中最高，分别超过黑山2.5%、爱沙尼亚8%。

表8-8 欧盟28个国家建筑业成本情况指数（2010年=100）

年份	2011	2012	2013	2014	2015	2016
建造成本	103.0	104.7	105.3	106.0	106.5	107.4
劳动成本	102.7	104.8	105.7	106.6	107.9	109.6

资料来源：欧盟统计数据库。

三、劳动力投入

罗马尼亚建筑业的劳动力投入情况如图8-6所示。在建筑业的就业量（红色线条）中，2011年相比2010年下降0.6%，在随后的3年中增长到一个小高峰后下降，2014年的就业量为近6年来最低点，仅比2010年高出1.9%，自2015年就业量开始上升，到2016年达到113.1。建筑业中的工作量（蓝色线条）、工资待遇（橘色线条）和就业量的趋势相同，在2014年建筑业劳动力的工作量达到近几年的最低点，随后开始上升，在2016年达到最高点。在图中可明显看出罗马尼亚建筑业的工资水平在2014年后急速增长，2016年工资水平比2010年增长了超过50%。整体来看，罗马尼亚建筑业的劳动力投入以2014年为分水岭，之前建筑业发展较为缓慢，而之后的发展较为迅速，其中工资待遇水平也迅速增长。

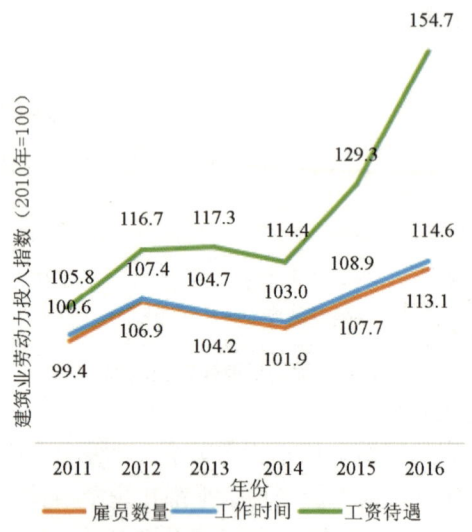

图8-6 罗马尼亚建筑业劳动力投入

资料来源：欧盟统计数据库。

欧盟28个国家的建筑业劳动力投入指数如表8-9所示。从表中可以看出欧盟建筑业在6年内的雇员数量和工作量情况都小于2010年且处于下降趋势，而工资待遇却在明显上升。和欧盟整体相比，罗马尼亚的建筑业劳动力投入相对较高，说明罗马尼亚的建筑业在这6年中需求量较大。值得一提的是，2016年建筑业的工资水平154.7在中东欧16国中处于第四位，仅比最高的拉脱维亚低了不到20%。

表8-9 欧盟28个国家建筑业劳动力投入指数（2010年=100）

年份	2011	2012	2013	2014	2015	2016
雇员数量	97.5	94.5	90.6	89.3	89.1	89.7
工作时间	98.9	96.1	93.8	93.9	94.7	96.7
工资待遇	101.3	100.5	99.5	101.3	104.5	108.6

资料来源：欧盟统计数据库。

罗马尼亚建筑业的工资上涨较快，其劳动力短缺为主要原因。根据建筑业产出数据来看，建筑业发展水平远不及工资上涨速度，说明罗马尼亚建筑业的劳动力流失非常严重。在2008年罗马尼亚建筑行业有45万名雇员，而2017年的雇员数量已经下降到30万名以下，熟练的建筑工人不断流失到国外。如果欧盟资助的基础设施项目全部开工，罗马尼亚可能需要50万名建筑工人，届时建筑行业劳动力短缺问题会造成薪酬的大幅增长。

第五节　旅游业

罗马尼亚位于欧洲东南部的巴尔干半岛，北部和东北部分别与乌克兰和摩尔多瓦交界，西北部和西南部分别同匈牙利和塞尔维亚接壤，南部同保加利亚以多瑙河为界，东临黑海。国内地形奇特多样，平原、山地、丘陵各占国土面积的三分之一，蓝色的多瑙河、雄奇的喀尔巴阡山和多姿的黑海一直是罗马尼亚的三大国宝。同时，全国各地遍布着历史悠久的教堂和修道院，很多地方保持着千百年来的原生态风貌和习俗，人文财富也弥足珍贵。

瑰丽多姿的山河风景，历史悠久的文化风俗，让罗马尼亚成为旅游胜地。但是，长期以来，由于缺乏推广、基础设施薄弱等原因，罗马尼亚旅游业的潜力未能得到充分发挥，发展远远滞后于周边国家，最近几年因为种种促进措施才呈现出增长的趋势。

2014年，罗马尼亚旅游业占其GDP的比例仅为0.9%，相较于同一地区的克罗地亚（17.2%）、马耳他（14.4%）和塞浦路斯（12.3%）来说差距明显。2008至2013年，罗马尼亚旅游业只增长了0.028%，基本处于发展停滞状态。2015年，在罗马尼亚境内过夜人数为446万人次，较上年增长18.5%。尽管如此，国际旅游收入却减少了1.28亿美元。

导致罗马尼亚旅游业发展缓慢的主要原因有两点：一是政策制定者能力有限，难以制定出旅游业可持续发展战略；二是国家旅游局在旅游促进相关资金上管理低效，导致国内缺乏旅游亮点和必要的基础设施。罗马尼亚政府已意识到旅游业发展的重要性，并为促进旅游业发展采取了一系列积极措施，希望以此拉动经济增长，增加居民特别是农民收入。

2016年，罗马尼亚旅行服务进出口总额达34.83亿欧元，较上年增长2.5%，占服务贸易总额的12.6%。其中，出口总额为15.6亿欧元，同比增长1.1%；进口总额为19.23亿欧元，同比增长3.7%；贸易逆差3.63亿欧元。

2017年前三季度，罗马尼亚居民在海外的旅游消费达24亿欧元，较去年同期增长了约10亿欧元，为近10年来最高；而外国游客在罗马尼亚的旅游支出为17亿欧元，较去年同期增长了近5亿欧元。罗马尼亚国内廉价航空公司Wizz、Blue Air和Ryan Air在2017年一共开通了30多条新的航线联通欧洲和中东等地，有力地助推了罗马尼亚出境游客数量和旅游消费金额的增长。但罗马尼亚旅游项下的国际收支依然为负值，赤字达6.18亿欧元。

2017年1—9月，罗马尼亚旅游机构共接待游客948.4万人次，较上年增长10.8%，其中本国游客数量占比为77.2%，外国游客占比为22.8%，与2016年同期持平。在接待的外国游客当中，占比最高的为欧洲游客（74.7%），其中86.2%的游客来自欧盟国家。从数量来看，来罗马尼亚旅游的外国游客主要来自德国（26.2万）、以色列（22万）、意大利（18.4万）、法国（13.3万）和匈牙利（12.5万）。

同期，旅游机构接待游客的过夜数量累计为2 147.9万，同比增长6.1%，其中本国游客的过夜天数占80.7%，外国游客占19.3%。外国过夜游客中，73.2%来自欧洲，其中欧盟国家占85.1%。罗马尼亚本国游客的平均逗留时间为2.4天，外国游客为1.9天。2017年1—9月，罗马尼亚旅游机构的住宿能力总体净使用率为32.2%，同比提高0.3个百分点，其中出现增长的有：宾馆（占比40.5%）、度假别墅（占比27.5%）、游船（占比25.8%）和木屋（占比24.9%）。

罗马尼亚旅游业起步较晚，发展缓慢，其发展过程中呈现出的主要问题如下：

（1）游客主要来自欧洲国家，其他国家占少数

从来源地看，来罗马尼亚最多的游客来自欧洲。除了欧洲之外，最为青睐罗马尼亚旅游市场的是美国。中国与罗马尼亚于1994年缔结旅游合作协定，随着国民收入的增加，近年来赴罗马尼亚旅游的人数也有所增加。

第八章 经济

(2) 外国游客以短期旅游为主,季节分布不平衡

很多来罗马尼亚旅游的游客同时去往其他地方,在罗马尼亚仅做短暂停留,并不过夜,住宿开销微不足道,一定程度上影响了罗马尼亚旅游业的收入。此外,冬季来罗马尼亚滑雪和夏天去海滨度假的游客较多,而春秋两季游客则寥寥无几,游客季节分布不平衡也是导致旅游收入偏少的原因之一。

(3) 本国游客外流,收入长期入不敷出

由于到希腊、土耳其和克罗地亚等国的旅游机票便宜,费用较低,而国内旅游价格过高,基础设施和服务质量较差,过去很长一段时间罗马尼亚国内游客都选择去国外旅游度假,致使旅游收入下降,导致了国家旅游项目赤字的存在。

对此,罗马尼亚政府也在积极采取措施,促进国内旅游业发展。

(1) 增加政府投入,改善旅游基础设施

罗马尼亚政府在2006年首次通过预算拨款改善海滨和山区的旅游基础设施条件,投资3.25亿欧元对多瑙河三角洲、海滨和山区度假景点进行修缮。同时,罗马尼亚政府也不断发展道路等配套基础设施,加快空中运输自由化步伐。如:2017年8月,罗马尼亚第一辆旅游专列"特兰西瓦尼亚号"火车顺利开行,旅行路线为布拉索夫—锡吉什瓦拉—梅迪亚什—阿尔巴尤利亚—赛贝什—锡比乌—弗格拉什,旅游项目包括品酒、参观4个中世纪古城、音乐会、美食之旅等,人均消费800~900欧元。

(2) 充分利用欧盟资金,提高旅游产品竞争力

罗马尼亚旅游业2007—2013年从欧盟得到30亿欧元的专项发展资金。绝大部分资金通过"农村经济多元化战略"发展农村旅游设施,建设城市之外的旅游基地,资金支持总额达22亿欧元。

(3) 多个国家旅游部门合作,开发联合旅游服务

目前,罗马尼亚旅游部门正与希腊、匈牙利、以色列等国家旅游部门合作,希望通过开发联合的旅游服务套餐吸引亚洲游客,特别是中国、印度游客,因为很多时候亚洲游客并不会将罗马尼亚作为唯一的旅游目的地。

(4) 增加旅游附加项目

2017年11月,罗马尼亚卫生部部长在出席布加勒斯特举行的医疗

旅游会议时表示，罗马尼亚卫生部与旅游部将进行合作，以便能够提供包含医疗服务的旅游项目。外国旅游者在罗马尼亚进行的医疗项目主要包括牙科、温泉医疗以及整容手术或美容手术。在政府批准相关法律后，外国企业可以在若干包括医疗服务在内的领域进行投资。

鉴于罗马尼亚在温泉、海滨、多瑙河三角洲和文化旅游等方面具有独特的优势，在欧盟的资金支持下，旅游基础设施和服务将得到进一步改善，罗马尼亚旅游业的发展前景十分广阔。

第六节　交通物流

罗马尼亚的交通基础设施在欧盟相对落后，已经成为制约其经济发展的重要因素。由于本国财政预算有限，因此吸纳欧盟资金成为罗马尼亚发展基础设施的首要选择。为此，罗马尼亚在欧盟的指导下制定了《交通总体规划》，于2015年完成，总投资为432亿欧元。其中，公路总投资达262亿欧元（新建1 220千米高速公路、1 910千米快速路）；铁路总投资为137亿欧元（重点进行电气化改造和更新，提升速度和运力），水运总投资为20亿欧元（重点进行港口和河道改造），空运总投资为13亿欧元（重点实施机场更新）。除此以外，罗马尼亚欢迎外国投资者以PPP方式参与其基础设施建设和运营的投资，并可以参加政府公开招标。

2016年，罗马尼亚交通运输服务贸易进出口额为73.7亿欧元，同比增长5.3%，占服务贸易总额的26.6%。其中，出口额为54.78亿欧元，同比增长5.3%；进口额为18.92亿欧元，同比增长5.4%。在整个交通运输服务贸易中，公路运输服务贸易占比最大，进出口贸易总额达51.13亿欧元，占交通运输服务贸易的69.4%；空运服务贸易占比排名第二，进出口贸易总额为11.15亿欧元，占15.1%。

2017年1—11月，罗马尼亚交通运输服务贸易进出口额为78.67亿欧元，同比增长15.8%，占服务贸易总额的26.0%；其中，出口额为56.01亿欧元，同比增长10.4%；进口额为22.66亿欧元，同比增长31.4%。按照运输方式看，公路运输服务依然占比最大，进出口贸易总额为53.6亿欧元，占交通运输服务贸易的68.1%；其次是空运服务，贸易额为14.52亿欧元，占18.5%。

下面将依次介绍罗马尼亚公路运输、铁路运输、水运、空运服务现状：

1. 公路运输

公路交通在罗马尼亚交通体系中具有举足轻重的地位，旅客发运量的75%、货物发运量的近50%是由公路运输系统完成的。

罗马尼亚统计局数据显示：截至2016年底，罗马尼亚公共道路总里程为86 080千米。其中，国家公路为17 612千米，占20.5%；省道为35 361千米，占41.1%；乡级公路为33 107千米，占38.4%。从道路路面类型看，现代化公路里程为33 928千米，占39.4%（其中91.7%为中度和重度铺设的沥青路面），轻度铺设路面为21 068千米，占24.5%，石子路和土路为31 084千米，占36.1%。国家公路中，欧洲公路[①]为6 200千米，占35.2%；高速公路为747千米，占4.2%。从车道数量看，280千米为三车道，占1.6%；1 820千米为四车道，占10.3%；22千米为六车道，占0.1%。

自2010年开始，罗马尼亚公路总货运量整体呈现小幅上升趋势，2016年货运总量达到2.16亿吨，较上年增长8.7%，如图8-7所示。在公路货运中，矿业运输量占比最大，2016年达63%；食品、饮料、烟草行业其次，占比21%，如图8-8所示。预计未来公路货物运输需求增长将加快，2020年预计将增长31%。为了满足未来增长的货运量需求，罗马尼亚政府计划重点修建连接大城市、国际通道、经济走廊的道路，以满足人员出行和货物运输的需求。

---

① 指泛欧洲四号走廊（公路）和泛欧洲九号走廊（公路）。

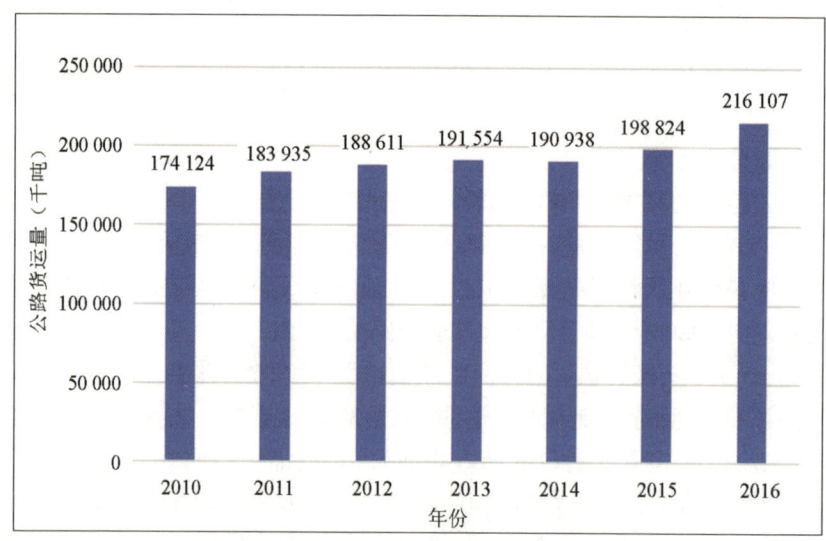

图 8-7　2010—2016 年罗马尼亚公路货运量

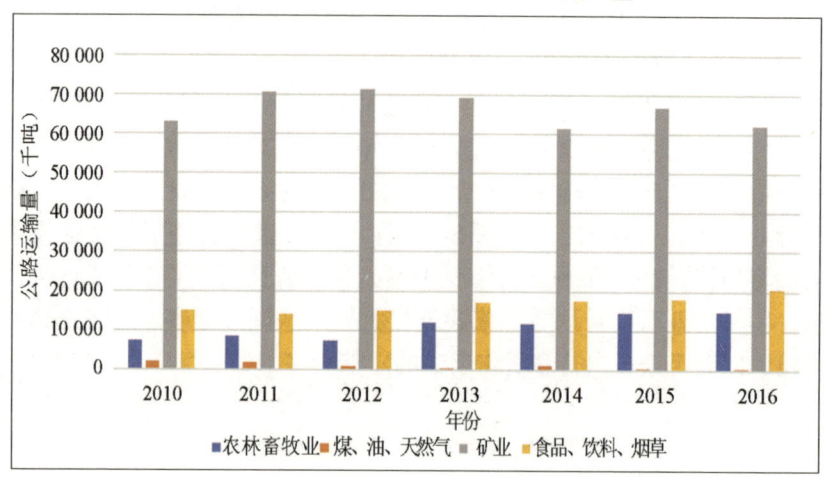

图 8-8　2010—2016 年罗马尼亚不同货物公路运输量

2. 铁路运输

截至 2016 年底，罗马尼亚使用中的铁路总长 10 774 千米，其中 37.4% 为电气化铁路，长达 4 030 千米。就轨距来看，标准轨距铁路长 10 635 千米，占 98.7%；宽轨铁路长 134 千米，占 1.3%。罗马尼亚每 100 平方千米国土上的铁路密度为 45.2，铁路最为密集的地区是布加勒斯特-伊尔福夫地区（154.7%）、西部地区（58.9%）、东南部地区（48.9%）和西北部地区（48.8%）。

罗马尼亚目前只有首都布加勒斯特建造了4条地铁线路和3条轻轨线路，并计划开工建设一条连接市区和国际机场的地铁线路。布加勒斯特目前铁路总长72.5千米，有51座车站。

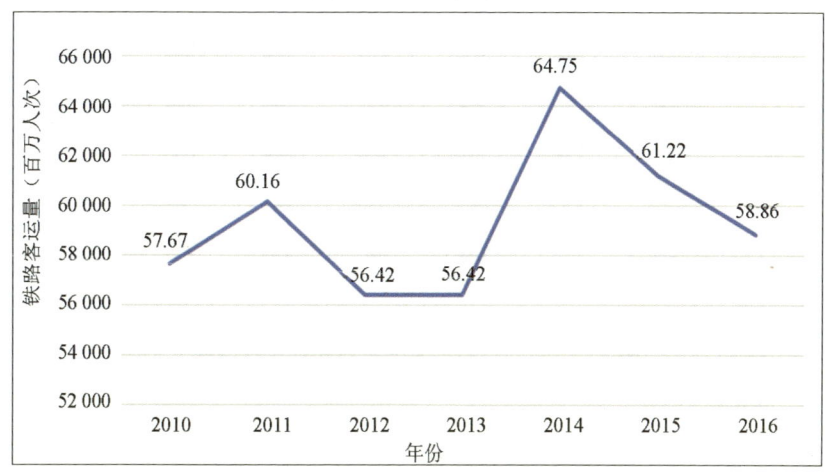

图8-9　2010—2016年罗马尼亚铁路客运量

铁路客运方面，如图8-9所示，由于2014年新开通了一条地铁线路，当年发送旅客人数剧增。但自2014年开始发送旅客人数持续减少，从2014年每年发送64.75百万人次降低到2016年的58.86百万人次，公众乘坐铁路出行的意愿较低。罗马尼亚目前铁路客运存在以下问题：铁路线路利用率低，仅布加勒斯特-克拉约瓦、布加勒斯特-布拉索夫两条线路利用率较高；火车站利用率低，90%的铁路旅客集中在全国23%的车站；逃票问题突出，由于逃票造成铁路部门收入减少的估值为5 000万欧元；票价较欧洲平均水平偏高，降低了铁路出行的吸引力。

铁路货运方面，如图8-10所示，货物运输量自2012年急剧下降到50 433千吨后，基本维持在48 000千吨上下。2016年铁路货运只占到货物运输市场的21%，主要是由于罗马尼亚重工业发展下行，造成货物运输需求萎缩，加之铁路货运没能积极发现新的业务增长点。

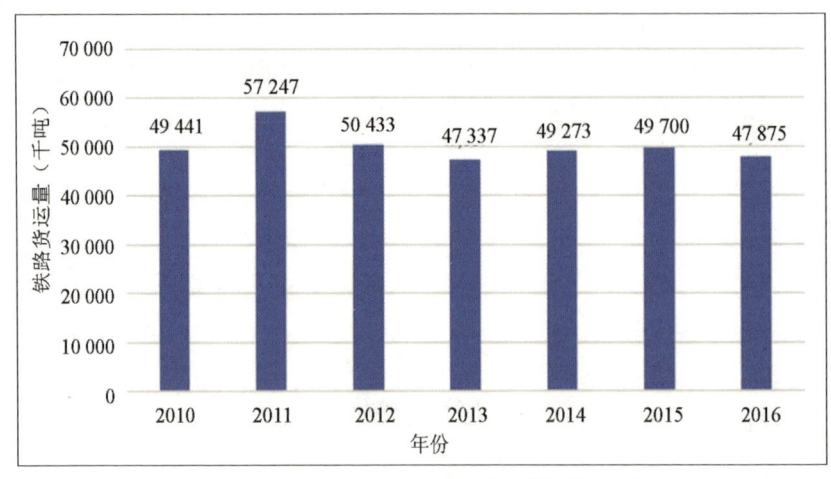

图8-10　2010—2016年罗马尼亚铁路货运量

3. 水运

罗马尼亚水运条件较好，总航线长1 779千米。其中多瑙河为主要内河航线，在罗马尼亚境内长达1 075千米，沿河有较多码头。多瑙河与康斯坦察港之间有运河连通，可允许5 000吨级船舶通行。罗马尼亚有35个河港、3个海港，康斯坦察港为最主要港口。

康斯坦察港现有156个泊位，是黑海第一大港，年吞吐量约为1亿吨，是西欧发达国家和中东欧新兴市场间的货物中转站。该港与铁路、公路、内河和空港相连，占地面积为1 313公顷，水域面积为2 613公顷，码头总长29.83千米，最大可停靠22万吨级的散货船和16.5万吨级的油轮。

罗马尼亚水运货运量在2011年有所下降，2013年开始逐渐上升，2016年水运货物共计76 779千吨，占到全国货运量的17%，其中内河运输占全国的7%，海运占10%。如图8-11所示。

康斯坦察港作为最主要的海港，2016年货物吞吐量为5 942万吨，处理标准箱71万个，进出船舶1.4万艘（其中30%是海运船舶，70%是内河船舶）。康斯坦察港具备较好的发展潜力，从中国到康斯坦察港的航程要比到西欧缩短几天，如果罗马尼亚铁路、公路、水运条件进一步改善，将会吸引更多的货物订单。

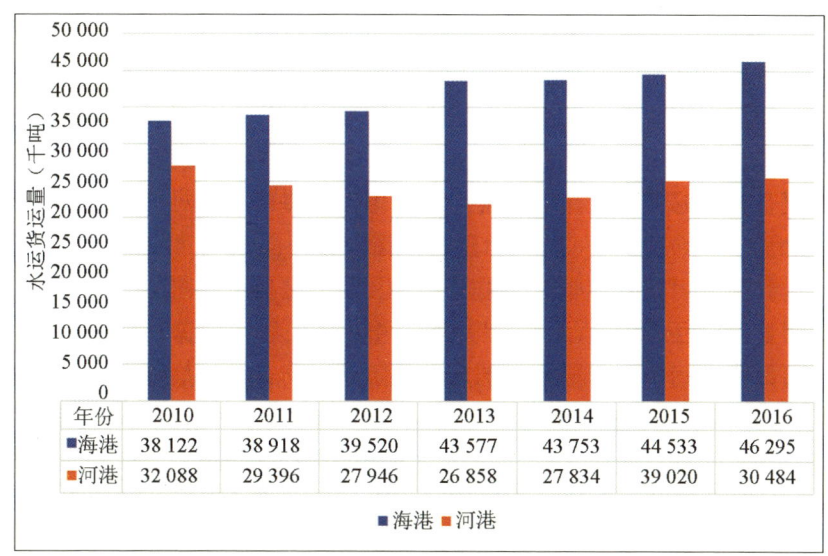

图8-11　2010—2016年罗马尼亚水运货运量

河港方面，加拉茨港有56个泊位，是境内第二大港，也是最大的河港，因靠近摩尔多瓦、乌克兰，另有铁路与上述地区连接，因此货物转运量比较大。主要运输货物有铁矿石、谷物、煤炭、化工产品等。卡拉法特港位于泛欧洲四号走廊（公路）上，与保加利亚有公路、铁路联通，有利于中东欧的货物过境前往保加利亚、土耳其，发展前景良好。

可以预见，随着罗马尼亚经济发展和在地区中地位的提升，水运需求将会持续增加。

4. 空运

罗马尼亚的航空业定位为区域性航空中心，目前已开辟连接首都和国内17个城市、欧洲大多数国家的航线。由于目前罗马尼亚高速公路网络还不完善、铁路运输速度有限，航空是目前最为方便快捷的运输方式。但是，大部分机场由于没有货物处理设施，因而限制了罗马尼亚成为欧洲区域物流中心的可能，也限制了物流配送企业的业务开展。图8-12所示为2010—2016年罗马尼亚空运货运量。

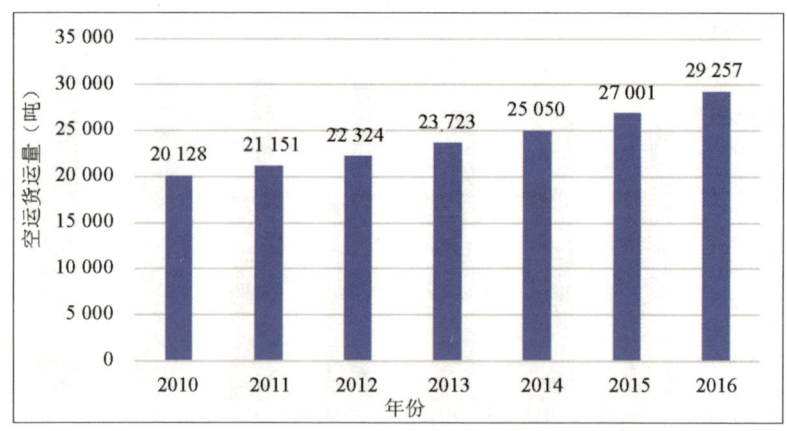

图8-12　2010—2016年罗马尼亚空运货运量

目前罗马尼亚共有21个机场，其中15个有固定航班（部分固定航班为季节性航班）。21个机场中，3个由罗马尼亚中央政府管理，其他由当地政府管理。一直以来，罗马尼亚航空货物运输量的年增长速度基本保持在5%~8%，2016年通过航空运输的货物量达29 257吨。在过去的10年里，受益于廉价航空的发展和国家间航次的增加，罗马尼亚航空客运增长了3倍。2016年，罗马尼亚航空乘客达1 648万人，比2006年的555万人大幅增长了196.9%。10年间，罗马尼亚飞机起降达到20.17万架次，增长了45%。航班线路也在逐渐增加，罗马尼亚国有航空公司将开通前往中国和美国的直航线路，计划每周飞4~5个航班。

罗马尼亚有6个国际机场，最重要的是布加勒斯特的亨利·康达国际机场，年货物处理量占全国航空运输货物的80%。2016年，亨利·康达机场旅客运输量为1 098万人次，较上年增长了18%，如图8-13所示，在欧盟年客流量500万~1 000万人次规模机场中排第四位。罗马尼亚第三大机场蒂米什瓦拉机场2016年客流量超过116万人，全年营运收入超过900万欧元。

根据欧洲航空导航安全合作组织发布的数据，预计2020年罗马尼亚航空运输年均增幅将达到6%，主要机场吞吐量将达到1 997万人次，2025年将达到2 484万人次。

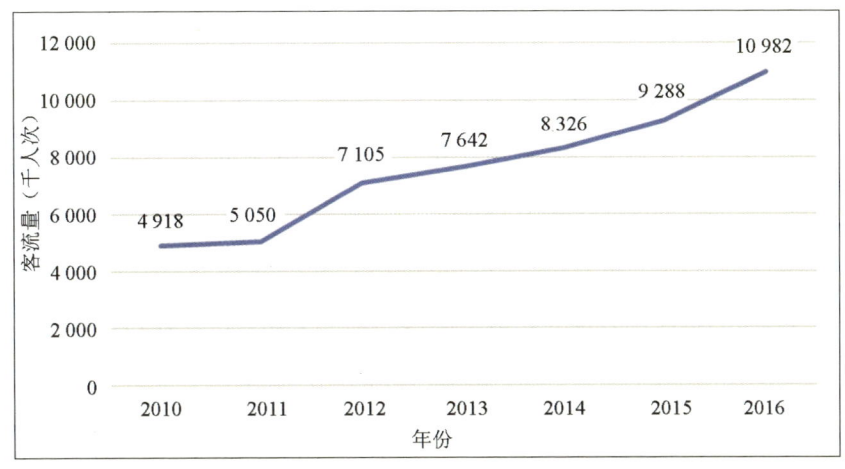

图8-13　2010—2016年亨利·康达机场客流量

第七节　商业与服务业

服务业是罗马尼亚国民经济的重要组成部分，罗马尼亚在政治经历剧变之后，经济亦发生转型。加入欧盟前后，罗马尼亚服务业发生了翻天覆地的变化。一是服务业在国民经济中占有越来越重要的地位，农业、工业作用逐渐弱化、在经济总量中所占地位相对下降；二是私营经济开始走向前台；三是服务业逐渐融入欧盟统一市场，欧洲服务业巨头逐步进入罗马尼亚市场。

1. 加入欧盟前服务业发展情况

根据罗马尼亚经济学院研究报告，加入欧盟前罗马尼亚的服务业呈现以下几个特点：

一是快速扩张，服务业业态日趋丰富。在国民经济中占比较大的生活服务业包括：饭店、体育休闲、宾馆、酒吧、广播电视。发展速度较快的生活服务业包括广播电视、照相洗相、翻译、秘书、复印、租赁、艺术活动、剧院。从事生活服务业的公司数量增长迅速，较为重要的服务业包括宾馆酒店、仓储运输、金融服务、房地产等。转型初期，房地产交易、租赁及相关生产服务业也增长迅猛。二是从业人员数量增加迅速，私人领域雇员数量上涨明显。私人公司数量众多，成为吸纳就业的主力军，但总体体量较小，绝大多数公司的雇员在20人以下。三是投资显著增加，服务水平大幅提高。相关公司为提高服务质量和水平投入巨大，投资增长速度明显高于营业收入增长速度，说明相关公司看好罗马尼亚加入欧盟后的经济发展前景，加大远期投资。四是服务业人均产值在欧盟内偏低。主要原因包括：罗马尼亚服务业起步较晚，仍处于低水平快速扩张阶段，劳动生产率相对较低；服务业大部分为非高科技、非高附加值行业。

发达经济体的特征之一就是服务经济占主导地位，特别是现代化的生产服务业是实现经济增长最关键的因素。因此，欧盟将服务业看作提高国家竞争力的主要业态，视其为经济长期增长的动力。

2. 当前服务业基本现状

加入欧盟之后，罗马尼亚服务业贯彻欧盟"统一、非歧视"的市场准入政策，金融、租赁、商业活动、贸易、酒店餐饮业、运输业、科研、咨询等行业均得到迅速发展。罗马尼亚2016年国民生产总值构成如图8-14所示。

罗马尼亚2016年服务业占GDP的比例已经上升到69.85%，服务业已成为国家经济发展的主要引擎。2016年名义GDP同比增长6.8%，其中服务业对GDP增长的贡献率远超过第一产业、第二产业的贡献率，高达94%。服务业成为吸纳就业的主力军，吸纳了罗马尼亚半数的就业人口。从构成来看，服务业对经济拉动作用明显，其中贸易、运输仓储、住宿餐饮对GDP贡献率最高，达到36.67%，拉动GDP增长2.4%，占GDP的比例为20.21%。这主要受益于其近几年推行的减税、增加工资等政策，同时居民可支配收入增加，衣食住行等生活性消费支出增加也是一部分原因。其次是专业技术服务业贡献率高达15.6%，拉动GDP增长1.05%，占GDP的比例为8.33%；公共管理业贡献率达13.64%，拉动GDP增长0.92%，占GDP的比例为11.41%；信息通信业贡献率为11.83%，拉动GDP增长0.79%，占GDP的比例为6.19%；建筑业贡献率8.66%，拉动GDP增长0.58%，占GDP的比例为6.72%。服务业中贡献率最低的是金融保险业，贡献率只有1.35%，拉动GDP增长0.09%，占GDP的比例为4.16%。

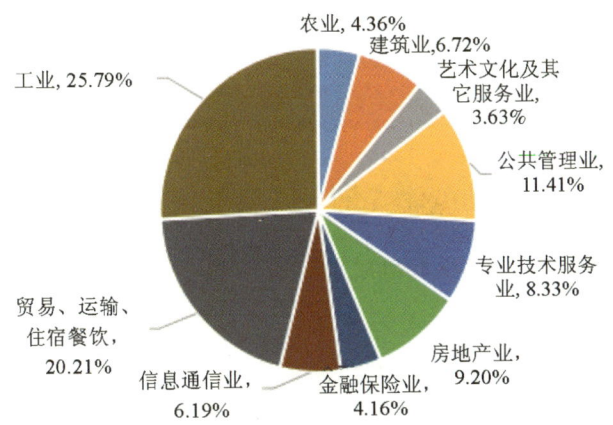

图8-14 罗马尼亚2016年国民生产总值构成图

吸纳就业方面，零售业吸纳雇员最多，占就业人口的12%，特别是购物中心吸纳就业较为集中，但特大型超市的兴起，减少了零售业的就业人数。金融、房地产、通信领域吸纳就业人数仅次于零售业，近年来上述领域发展迅速，但主要集中在大城市，特别是首都布加勒斯特。布加勒斯特是罗马尼亚服务业最为发达的城市。它是罗马尼亚的金融中心，这里有罗马尼亚主要的证券交易所——布加勒斯特股票交易所，也是罗马尼亚服务业主要从业机构的大本营。罗马尼亚2011—2016年服务业的劳动力投入情况如图8-15所示。图中的就业数量和工作量近几年的趋势走向是基本相同的，虽然工作量在2011年相比2010年下降0.7%，就业数量下降1.1%，但这两项劳动力投入后的6年都在缓慢增长，于2016年达到最大值，就业数量和工作量指数都超过120。罗马尼亚服务业的工资待遇水平近6年的发展趋势明显，从2014年开始服务业工资待遇直线上升，每年增长超过20%，2016年工资水平指数达到186.7。罗马尼亚的服务业劳动力投入近几年基本都超过欧盟28个国家的平均水平，2015年和2016年的服务业工资待遇在中东欧16国中位列第一，说明罗马尼亚服务业发展较快，劳动力短缺。

罗马尼亚服务业从业人员跨行业薪酬呈较大差异。据罗马尼亚统计局发布的信息，罗马尼亚2016年10月份平均工资为2 108列伊（约469欧元），较2015年同期增加12.7%。其中IT行业继续领跑，平均工资为5 513列伊（约1 226欧元），住宿餐饮业仍然垫底，平均工资为

1 281列伊（约285欧元），仅高于平均工资。

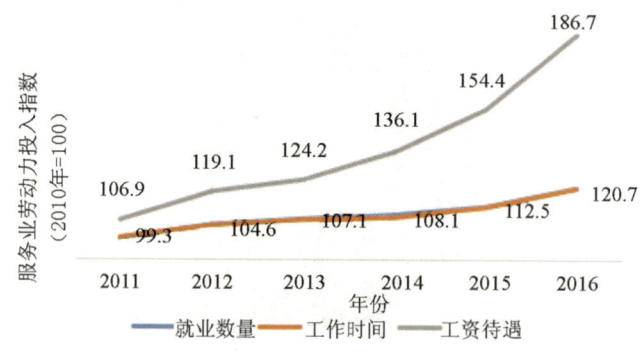

图8-15　罗马尼亚服务业劳动力投入情况

资料来源：欧盟统计数据库。

3. 部分有代表性的服务业发展情况

（1）IT和软件服务业

IT和软件服务业是罗马尼亚的优势产业之一。全球IT和软件服务业巨头大都在罗马尼亚设立有分支机构、研发中心、技术支持中心。近年来，近岸和离岸的技术支持中心在罗马尼亚蓬勃发展，一是因为罗马尼亚有鼓励投资政策支持；二是其有IT人才等资源优势；三是相对于西欧、美国等国家，罗马尼亚拥有成本优势。但这些技术支持中心大部分附加值并不太高，有很多属于较低端的支持服务中心、编码和应用管理。

罗马尼亚IT和软件服务业的发展仍将保持一段时期的繁荣，但长期发展态势堪忧，主要是该行业逐渐触及人才瓶颈，本国大学毕业生逐年减少。为此，罗马尼亚政府也在积极想办法应对困难，鼓励更多的大学生投身IT产业。目前罗马尼亚已经通过相关法律，免除程序员的个人所得税。未来可能会考虑放开该行业准入限制，吸引周边国家IT从业者来罗马尼亚就业。

（2）电信服务业

罗马尼亚电信市场对外全面开放，与欧盟其他国家紧密接轨，技术潮流紧跟电信技术革命步伐。目前主要的电信运营商包括Orange Romania、沃达丰（Vodafone）、Telekom Romania和RCS&RDS公司等；上述公司部分侧重固定网络、部分侧重移动网络，但均在积极拓展三网融合等业务。

2016年，罗马尼亚电信业收入达到30亿美元。根据咨询机构预测，未来5年，受移动数据业务、固定宽带业务、付费电视等业务拉动，罗马尼亚电信业仍将以每年4.1%左右的速度增长。下一步的发展趋势是四网融合，提高客户忠诚度。对于数字移动4G网络、光纤网络的投资将会继续保持快速增长，不断催生新的增长机会。

虽然罗马尼亚的网络速度在欧盟范围内首屈一指，但是互联网使用率却在欧盟内最低。目前，宽带入户率只有51.8%，覆盖21.4%的人口，这也表明罗马尼亚社会"数字鸿沟"巨大。罗马尼亚电信服务业监管机构为电信管理署，该署通过了《数字通信2020战略》，将主要监管力量用于提高电信网络的开放性，促进电信服务和资费竞争，降低宽带资费，造福最终用户。罗马尼亚通信部正在积极探索和推进智慧城市建设，探索应用5G移动通信。

（3）零售业

近几年，罗马尼亚宏观经济稳定，GDP增长率在欧盟排名靠前，国内居民收入稳步增加，侨汇收入每年超过30亿美元。同时罗马尼亚政府积极采取增加工资和减税措施，为公共管理、教育、医疗等领域员工加薪，提高最低工资待遇，2015年、2016年两度下调增值税。在上述因素综合作用下，罗马尼亚零售业近年来迎来良好发展阶段，增速居欧盟前列。

现代零售业包括大型超市、百货商店、便利店、折扣店等业态，多为连锁经营，因其体量大，在商品采购中议价能力强，同时在市场营销、运营、资本控制等方面具有竞争优势，以品牌优势、价格优势迅速取得市场领先地位，从而蚕食了传统零售业市场。目前，罗马尼亚主要零售业巨头均来自欧盟其他国家，本土成长起来的零售品牌多被并购。

罗马尼亚的购物中心从2000年起步，发展迅猛。近两年，多个大型购物中心在罗马尼亚落成。近年来，罗马尼亚电子商务市场发展迅猛，网上购物成为居民选购商品的重要渠道。

第九章 对外经济关系

第一节　外贸概况

1993年，罗马尼亚同欧洲共同体①及欧洲自由贸易联盟签署联系国协议，并重新得到美国的贸易最惠国待遇，外贸环境因此得到明显的改善。当年的进出口额与1992年相比有较大的增长幅度，其中出口的增幅明显比进口增幅更大，达到了25.7%，贸易逆差降低，巩固了列伊汇率。在经历了经济转轨后，罗马尼亚的对外贸易部门进行了较彻底的改革，使得外贸额在经历了1990和1991年连续两年的下降后，1992年得到回升，与其他部门相比至少要早一年，这对罗马尼亚的整体经济复苏起到了推动作用。1994—2008年，罗马尼亚的外贸形势一直保持了较为平稳的状态，进出口额波动幅度较小。而在这一时期，外贸的所有制结构发生较大变化，私营部门在进出口贸易中所占比例不断增大。1991年私营部门完成的出口在总出口额中所占的比例为15.9%，2000年该比例上升到65.7%。2000年，由于政府在1999年采取的货币贬值和银根紧缩的双重措施，巴尔干地区紧张局势的缓解，以及欧盟国家等罗马尼亚主要经贸合作伙伴的经济普遍增长等因素，罗马尼亚的对外贸易取得了巨大的成就，出口额达103.66亿美元，与1999年相比增长了22.1%，同时进口额达130.55亿美元，比1999年增长23.7%，无论是数额还是增长幅度均创20世纪90年代以来的最高纪

---

① 欧洲共同体：简称"欧共体"。1993年11月1日，在欧共体的基础上成立了欧洲联盟，简称"欧盟"。

录，外贸部门再一次带动了其他经济部门的发展。图9-1是罗马尼亚2001—2016年对外贸易情况。

图9-1　罗马尼亚对外贸易额

数据来源：《中华人民共和国商务部国别报告》。

2001—2008年，罗马尼亚对外贸易额呈现稳定增长趋势，出口额从2001年的113.8亿美元增加至2008年的496.9亿美元，进口额从2001年的155亿美元增至2008年的843亿美元，贸易总额也经历了稳定增长的过程。2008年之后罗马尼亚对外贸易额开始出现波动，2008—2009年贸易额呈现明显的下降趋势，在经历了短暂的上升后，2011年贸易额再次出现了下降趋势。近几年，罗马尼亚的贸易额呈现出缓慢上升的趋势。

第二节　外贸进出口商品结构

罗马尼亚在经济转轨初期，外贸出口中的原材料和初级产品占了很大比例，这种外贸结构对经济造成了不利影响。20世纪90年代中期开始，外贸结构得到一定程度的改善，出口商品中冶金、轻工、汽车、机械设备和运输工具等技术含量较高的产品有所增加，尤其是劳动密集型的纺织和服装工业产品数量大增。2016年，罗马尼亚主要的进口货物大类为运输设备和机动车（分别占同期总出口额的47%和总进口额的38%）以及其他加工类产品（分别占同期总出口额的32.4%和总进口额的31%）。表9-1反映了2016年罗马尼亚出口商品结构。

表9-1　2016年罗马尼亚出口商品结构表

商品大类	在总出口额中所占比例（%）	在总进口额中所占比例（%）
运输设备和机动车	47.0	38.0
其他加工类产品	32.4	31.0
食品、饮料及烟草	8.4	13.5
化学品	4.3	8.7
原材料	4.3	5.7
燃料、润滑油等	3.6	3.1

数据来源：罗马尼亚统计局。

第三节　主要贸易伙伴

目前，罗马尼亚同世界上191个国家建立了外交关系并进行经济贸易上的往来，德国、意大利、匈牙利和法国等欧洲国家是其最主要的贸易对象国，其他较大的贸易伙伴国还有美国、中国、日本和加拿大等。罗马尼亚对外坚持欧美优先、兼顾周边、重视大国的原则，并将发展对中国的关系作为其外交战略优先方向。

表9-2　罗马尼亚对主要贸易伙伴出口情况（2017年1—9月）

国家	金额（百万美元）	同比（%）	占比（%）
德国	12 044	17.2	23.2
意大利	5 743	4.2	11.1
法国	3 477	2.8	6.7
匈牙利	2 438	-2.4	4.7
英国	2 137	0.1	4.1
保加利亚	1 697	13.9	3.3
土耳其	1 658	15.7	3.2
波兰	1 628	19.0	3.1
捷克	1 470	16.9	2.8
西班牙	1 469	3.0	2.8

续表

国家	金额（百万美元）	同比（%）	占比（%）
荷兰	1 343	12.0	2.6
奥地利	1 213	3.9	2.3
比利时	1 073	15.7	2.1
斯洛伐克	902	8.6	1.7
俄罗斯	895	9.5	1.7
总量	51 907	8.9	100.0

数据来源：中华人民共和国商务部。

表9-2是罗马尼亚对主要贸易伙伴出口情况。据罗马尼亚统计局公布的数据显示，罗马尼亚最主要贸易伙伴为欧盟国家。2016年，欧盟内进出口总额为950.3亿欧元，同比增长7%，占罗马尼亚同期进出口总额的76.2%。其中，出口430.8亿欧元，同比增长7.0%，占同期出口总额的75.1%；进口519.5亿欧元，同比增长6.9%，占同期进口总额的77.1%。欧盟外进出口总额297.0亿欧元，同比增长3.4%，占罗马尼亚同期进出口总额的23.8%。其中，出口143.1亿欧元，同比下降0.3%，占同期出口总额的24.9%；进口153.9亿欧元，同比增长7.1%，占同期进口总额的22.9%。贸易总量方面，2016年，罗马尼亚货物贸易进出口总额为1 247.3亿欧元，同比增长6.1%。其中，出口573.9亿欧元，同比增长5.1%，进口673.4亿欧元，同比增长7%。罗马尼亚货物贸易逆差为99.6亿欧元，同比增长19%。其中，同欧盟内国家贸易逆差为88.7亿欧元，同欧盟外国家贸易逆差为10.9亿欧元。

第四节　外资国别

据罗马尼亚国家银行（BNR）公布的数据显示，2016年罗马尼亚吸引外商直接投资总额为39.1亿欧元，同比增长32.4%。据联合国贸发会议公布的2017年《世界投资报告》显示，2016年罗马尼亚吸收外资流量为45.7亿美元；截至2016年底，罗马尼亚吸收外资存量为718亿美元。据罗马尼亚国家银行2016年9月30日公布的《2015年罗马尼亚FDI报告》，截至2015年12月底，罗马尼亚前五大外资来源地为荷兰、奥地利、德国、塞浦路斯和法国，分别占外资总额的25%、14.2%、12.4%、6.9%和6.7%。主要的外资企业有：ErsteBank（奥地利）、OMV（奥地利）、Gazde France（法国）、Orange（法国）、Vodafone（英国）、Ford（美国）、MOL（匈牙利）、ENEL（意大利）、E.ON（德国）等。

按注册资本统计，各行业外资企业所占比例分别为：采掘制造业占35.7%，金融保险业占17.36%，批发零售和机车维修占12.45%，建筑业占7.6%，能源电力、供热供气供水领域占6.82%，科技管理及专业活动占6.32%，运输仓储及通信业务占5.99%，房地产占4.98%，农林渔业占1.96%，宾馆餐饮业占0.57%，公共管理、教育和卫生占0.26%。

第五节　与中国的经济关系

一、20世纪50—80年代两国经贸关系

罗马尼亚同中国的双边贸易始于1950年，至1990年两国贸易一直保持稳定态势。1950—1990年，两国在计划经济体制下，经济关系依照政府间协定以记账贸易为主，辅以现汇贸易、易货贸易和补偿贸易等形式。双方曾先后签订了1959—1962年、1972—1975年和1976—1980年等几个中长期贸易协定，贸易额从20世纪70年代开始大幅度增长，1979年曾达到10.94亿美元的历史最高水平，此后出现小幅下降。进入20世纪80年代，两国贸易额保持在年均7亿美元左右。此外，根据两国政府签订的协议，在罗马尼亚发生重大自然灾害时，中国为其提供了无偿物资援助和贷款等形式的帮助。

二、1990年后两国经贸关系

罗马尼亚经济转轨初期，中罗两国贸易额持续下跌，1992年仅为3亿美元，1996年进一步降至2.08亿美元，1999年跌至谷底，仅为1.91亿美元。从2000年开始，双边贸易额开始回升，当年达到2.98亿

美元，比1999年增长55.7%；2001年和2002年，又分别增长到3.54亿美元和7.53亿美元。2003年，两国贸易额更是达到9.76亿美元，基本恢复到历史最好时期的水平。

20世纪90年代中期以来，中罗两国政府签订了《中华人民共和国政府和罗马尼亚政府关于鼓励和相互保护投资协定》《关于〈中华人民共和国政府和罗马尼亚政府鼓励和相互保护投资协定〉的附加议定书》《中华人民共和国政府和罗马尼亚政府关于对所得避免双重征税和防止偷漏税的协定》《中华人民共和国政府和罗马尼亚政府经济合作协定》《中华人民共和国政府和罗马尼亚政府关于加强基础设施领域合作协定》等，构筑了双边经贸关系的法律框架。近几年来，中罗经贸关系发展势头良好。据中国海关统计，2016年，中国与罗马尼亚双边贸易总额为48.99亿美元，同比增长9.9%。其中，中国出口34.47亿美元，同比增加9%，中国进口14.52%亿美元，同比增长12.1%。表9-3是2012—2016年中国与罗马尼亚的贸易统计。

表9-3　2012—2016年中国与罗马尼亚贸易统计

年份	进出口总额（亿美元）	中方出口额（亿美元）	中方进口额（亿美元）	同比（%）		
				进出口	中方出口	中方进口
2012	37.77	27.97	9.8	−14.2	19.0	3.4
2013	40.31	28.23	12.08	6.7	0.9	23.3
2014	47.50	32.25	15.24	17.8	14.3	26.0
2015	44.60	31.63	13.00	−6.1	−1.9	−14.9
2016	48.99	34.47	14.52	9.9	9.0	12.1

资料来源：中国海关。

1949年10月罗马尼亚与中国建交，此后两国一直保持着良好的经济关系，双边贸易、投资和科技合作多年来进展顺利。在经历罗马尼亚经济转轨初期的低迷阶段后，21世纪的罗马尼亚进一步扩大了对外开放领域，逐步开放了金融、保险、电信、外贸、商业、旅游等服务业，这吸引了大量的外商投资，尤其是大型外国跨国公司。同时，随着罗马尼亚宏观经济在2000年开始复苏，投资环境逐渐改善，资本、土地等管理政策和法规制度也得到完善，罗马尼亚吸收外资的水平上了一个新台阶。

三、两国贸易结构

近年来，罗马尼亚向中国出口的主要商品种类包括交通工具、生产设备、化工产品、钢材、木材、小轿车、矿产品、机械电子产品，水泥厂及灌装线的机械和零部件、冷藏设备、家具、汽车、油菜籽、木材和木制品、普通金属、生铁、铁、钢和铝的废料和边角料、有机化工产品、转炉铜和铜边角料、塑料制品、矿产品、合成纤维等。中国向罗马尼亚出口的产品主要有焦炭、有色金属、棉花、大米、纺织品、服装、鞋类、化工产品、起重设备、医疗药品、制药设备、机械电子产品、信息技术产品、光学设备和玩具等。

四、中国在罗马尼亚的投资情况

1990年以后，一些中国企业和个人进入罗马尼亚市场进行贸易和投资，主要是私营企业和个体工商户的投资，结果是投资项目不少，但总体金额不高。直到20世纪90年代中期，一些中国的大型企业才开始进入罗马尼亚市场进行投资，较多地关注电信、制药、服装、木材加工、自行车组装和香烟等领域。2008年罗马尼亚出台了《投资促进法》，以促进外国和本国加大对罗投资的速度和额度。该法所遵循的核心原则是对内、外资实行无差别非歧视性的待遇，对外资企业实行国民待遇，对内资企业实行与外资企业相同的优惠政策。《投资促进法》同时还扩大了罗马尼亚中央和地方政府对某些项目，尤其是大型投资项目的优惠条件，其中投资额在7 500万欧元以上的项目，对投资者最高可提供30%的贷款利息补贴并对80%的贷款额提供国家担保。2008年外国对罗马尼亚直接投资再次出现大幅上升，总额高达94.96亿欧元。

据罗马尼亚统计数据，2017年1—10月，罗马尼亚同中国的贸易额为42.4亿美元，较2016年同期增长14.12%，中国作为罗马尼亚第八大贸易伙伴、欧盟外第二大贸易伙伴，与2016年全年贸易排名（第八位）持平，主要进口机电设备、音响设备、锅炉、机械产品等。罗马尼亚对中国出口6.82亿美元，同比增长22.24%，中国为罗马尼亚第十九位出口目的地国，主要出口商品为木材制品、木炭、核反应堆、锅炉、机械产品、机电产品等。中国中兴通讯公司与罗马尼亚国家邮政公司于2003年8月签订了中兴通讯公司帮助罗马尼亚进行电信系统改造的协议。根据协议，双方向罗马尼亚邮政电信公司投资，罗马尼亚邮政公司持有51%的股份。中兴通讯公司提供价值约9 400万美元的电话交换机等电信设备作为其对罗马尼亚的投资，并持有29%的股份。这次投资由中国进出口银行提供贷款，并由罗马尼亚邮政公司、罗马尼亚工业集团、罗马尼亚商业银行、巴纳特-克里沙纳金融投资公司等企业和机构进行担保。罗马尼亚邮政电信公司在2003年年底开始运营，提供预付费卡电话、国内和国际长途IP电话、拨号互联网接入和宽带互联网接入等电信服务，覆盖范围包括布加勒斯特、克拉约瓦、巴克乌、康斯坦察、克卢日和蒂米什瓦拉等大城市。该项目在实施后成为两国之间自20世纪90年代以来最大的经济合作项目。

五、两国经济合作方针

20世纪90年代，两国的经济关系进入倒退状态。消沉的经贸关系状况与两国间良好的政治关系很不相称。为此，两国均对经贸关系的发展采取了一系列政策等措施，主要有：

（1）促进和引导大型公司和企业参与两国的贸易和投资。20世纪90年代中后期开始，很多大型中国企业开始进入罗马尼亚市场，两国贸易状况逐步改善，这为双方的贸易投资额做出了较大的贡献。

（2）鼓励传统领域的合作。两国在水泥、发电、石油及天然气输送管道、原油精炼、钻井设备、化工、饮料灌装生产线和灌溉设备等领域有较长的合作历史。以适当的形式对其予以恢复，是一条省时高效的合作途径。

（3）政府为双方投资提供便利条件，对企业之间的直接合作予以积极支持，通过提供信息牵线搭桥，促进两国企业的相互了解。

（4）开拓新的合作领域。在恢复传统经济合作形式的同时，两国根据各自经济发展的需要并按照市场经济规律，开拓新的合作领域和合作方式，以做到优势互补。两国政府和企业在新兴的电信、信息技术、医药等领域积极发掘合作机会，进一步促进新兴领域的贸易往来。

（5）拓展经贸关系的双边范围，加强了双方在第三国市场和国际市场的合作。罗马尼亚成为中国向中东欧其他国家和西欧发展经贸的桥梁，中国则成为罗马尼亚拓展亚洲市场的桥头堡。

六、中国与罗马尼亚双边货物贸易关系研究

中国与罗马尼亚的双边货物贸易关系开始于1950年,在计划经济的体制下,两国双边贸易采取记账方式,受政府的直接干预。1992年起两国贸易改为以企业为主体的现汇支付方式。然而,受罗马尼亚国内经济危机的影响,罗马尼亚对中国的出口大幅度下降。随着罗马尼亚经济的好转和2007年加入欧盟以后,两国的货物贸易发展迅速。2011年,罗马尼亚与中国大陆贸易额达到历史最高水平,为29.2亿欧元。2013年,罗马尼亚与中国贸易额约为24.67亿欧元,在欧盟外国家中,中国成为罗马尼亚第二大进口来源国。然而,在两国贸易增长态势较好的同时,也存在着不少问题,比如双边贸易极不平衡、贸易品种单一和贸易分工关系松散等。不解决这些问题,势必会影响中国与罗马尼亚贸易增长潜力的挖掘,阻碍两国贸易的进一步发展。考虑到目前国内外研究文献对这些问题还缺乏比较系统的研究,对中国与罗马尼亚双边货物贸易关系的全面梳理,进而发现两国贸易中存在的主要问题与原因,就具有重要的现实意义。

我们把1992—2015年分为1992—2001年、2002—2008年、2009—2012年和2012—2015年四个子期间,分别代表中国加入WTO前期、欧洲主权债务危机前期、债务危机爆发期以及债务危机恢复期。

1. 双边贸易增长与市场份额

1992—2015年中国与罗马尼亚的双边货物贸易随着双边关系的进一步发展,也出现了较大幅度的增长,但双边贸易的增长也出现了一些波动和不平衡,具体如表9-4所示。

由表9-4可以看出,从1992年中罗两国开始进行现汇贸易到2001年,中国对罗马尼亚出口年均增长率为13.9%。受20世纪90年代所遭遇的持续性经济危机影响,罗马尼亚对中国的出口年均增长率则为负值,中国对罗马尼亚的出口进口比为258.30%,同期罗马尼亚对中国的出口进口比也约为161.63%,可见中国和罗马尼亚的双边货物贸易出现了不平衡。之后,这种不平衡非但没有得到改善,还有进一步扩大的趋势:2002—2008年两国双边贸易增长较快,中国对罗马尼亚的出口年均增长率达到了峰值41.37%,罗马尼亚对中国的出口年均增长率也从1992—2001年阶段的负值变为正值,但同期两国之间的出口进

口比出现显著差异,中国对罗马尼亚的出口进口比达到了739.47%,罗马尼亚对中国的出口进口比骤减到22.26%,是中国对罗马尼亚的出口进口比的约3%,这说明中国对罗马尼亚的货物贸易活跃程度远远大于罗马尼亚对中国。此外,2002—2008年中国产品在罗马尼亚的市场份额也从1992—2001年的1.23%增加到3.41%;但是,同期罗马尼亚产品在中国的市场份额却小幅度下降。

表9-4 1992—2015年中罗双边货物贸易年均增长率与市场份额(%)

时期	中国对罗马尼亚			罗马尼亚对中国		
	出口年均增长率	中国出口罗马尼亚/中国从罗马尼亚进口	罗马尼亚从中国进口占罗马尼亚进口总额的比例	出口年均增长率	罗马尼亚出口中国/罗马尼亚从中国进口	中国从罗马尼亚进口占中国进口总额的比例
1992—2001	13.90	258.30	1.23	−8.52	161.63	0.13
2002—2008	41.37	739.47	3.41	2.15	22.26	0.06
2009—2012	5.57	399.22	4.69	18.58	14.29	0.05
2012—2015	6.26	230.53	4.07	−6.37	22.53	0.07
1992—2015	17.53	418.66	2.78	4.78	79.03	0.09

注:市场份额用进口数据表示,即中国出口产品在罗马尼亚的市场份额为:罗马尼亚进口中国产品总额与同期罗马尼亚进口总额之比。其间的年均增长率是用指数方法获得的。

2008年的金融危机对中国与罗马尼亚的双边贸易产生了严重的影响:2009—2012年,中国对罗马尼亚的出口年均增长率和出口进口比均出现了较大幅度的下降,尤其是中国对罗马尼亚的出口进口比,由739.47%大幅下跌约340个百分点至399.22%。但是,同期罗马尼亚对中国的出口年均增长率却显著增加。其出口进口比虽然下降,但只小幅下降约8个百分点至14.29%。这说明在金融危机期间,中国市场对罗马尼亚的出口贸易存在着非常重要的影响。此后,随着各国在金融危机后采取的金融改革完善机制以及金融体制监管措施,各国逐步实现了自我金融体系的恢复。因此,中国与罗马尼亚的贸易不平衡趋势得到改善:2012—2015年,中国对罗马尼亚的出口年均增长率呈现小幅上升，其出口进口比下降约169个百分点，下降幅度约为2009—2012年下降幅度的50%。罗马尼亚对中国的出口增长率虽然出现小幅下降呈现为负值，但是其出口进口比却上升至22.53%。此外，就2012—2015年双边市场份额而言，中国进口产品在罗马尼亚市场份额的表现为下降趋势，罗马尼亚进口产品在中国的市场份额则呈现出上升趋势。

总体来看，1992—2015年，中罗两国的贸易发展较快，但年均出口增长率、出口进口比上下起伏波动较大。中国对罗马尼亚的市场份额呈现出较为平稳的增长，而罗马尼亚对中国的市场份额呈现出先下降后上升的趋势。从1992年开始，中国和罗马尼亚双边就出现了贸易不平衡的现象，这种不平衡趋势在2002年后进一步加深和扩大，直至2012后才得到较为明显的改善。

2. 贸易结构与平衡

对贸易双边结构的分析主要包括以下三种结构：要素结构、技术结构和用途结构。

按照《国际贸易商品标准分类》中的一级分类标准，要素结构可分为资源密集型产品或初级产品、劳动密集型产品、资本密集型产品。

技术结构将参考欧盟央行（ECB，2005）按出口产品科技含量的分类方法，在《国际贸易商品标准分类》两位代码分类的基础上把出口产品分为低科技含量、中等科技含量和高科技含量三大类。

用途结构则采用经济大类的分类方法，把出口产品分为消费品、中间产品、资本品、广泛用途类产品等四类（用途结构的数据始于2002年）。

每种分类均有一小部分未做说明的产品，故每种分类中的各类产品占比之和并不等于1。

中罗双边货物贸易结构计算结果如表9-5所示。

从表9-5可以看出，自1992年以来中罗双边贸易增长迅速。中罗双边货物贸易的产品结构总体差异不大，但随着双边贸易的发展，双边结构趋势也发生了一些变化。主要体现为：

从要素结构来看，1992年中国对罗马尼亚的出口主要是资源密集型产品，此后要素结构发生了剧烈的变化，从资源密集型转向劳动密集型和资本密集型主体相结合的结构。2002年，中国对罗马尼亚出口的劳动密集型产品的比例由1992年的39.58%增长至74.35%，而资源密集型产品在贸易中的比例则发生了剧烈的下滑。2008年中国对罗马尼亚出口的劳动密集型产品的比例较2002年下降了近28个百分点。2008—2012年，中国对罗马尼亚出口的劳动密集型产品和资本密集型产品的比例基本持平，且稳定在47%左右。2015年，中国出口罗马尼亚的劳动密集型产品的比例发生明显的下降；相反，资本密集型产品的比例却上升7个百分点至53.89%。这表明，随着中国经济的快速发展，工人的工资水平显著提高，劳动力成本上升，劳动密集型产品的竞争力在逐渐下降。但另一方面，经济的快速发展促进了科学技术的发展，中国工业技术水平提高，资本实现了大量的积累，因此资本密集型产品的比例得到了显著提高。

表9-5　1992—2015年中罗双边货物贸易结构（%）

时期	要素结构			技术结构			用途结构			
	资源密集型产品	劳动密集型产品	资本密集型产品	低科技含量产品	中科技含量产品	高科技含量产品	消费品	中间品	资本品	广泛用途类
中国出口罗马尼亚										
1992	44.53	39.58	15.89	82.31	15.33	2.35	—	—	—	—
2002	6.72	74.35	18.93	80.16	12.98	6.86	71.02	23.95	5.03	0.00
2008	4.67	46.84	48.49	46.02	22.67	31.31	29.95	38.61	31.34	0.10
2012	3.82	49.29	46.89	45.29	22.10	32.62	28.99	43.32	27.68	0.01
2015	3.52	42.59	53.89	40.53	30.23	29.24	22.81	51.92	25.27	0.01
罗马尼亚出口中国										
1992	0.02	15.84	84.14	15.86	84.14	0.00	—	—	—	—
2002	22.51	59.14	18.35	81.64	17.70	0.66	0.05	85.06	1.29	13.59
2008	42.74	13.49	43.77	53.04	36.13	10.84	5.68	84.06	10.24	0.02
2012	41.04	15.86	43.09	50.77	36.86	12.37	3.35	85.06	11.53	0.06
2015	32.49	25.62	41.90	48.46	34.42	17.12	6.33	81.25	12.33	0.09

1992—2002年，罗马尼亚对中国的出口以资本密集型产品与劳动密集型产品为主。在2002年后则以资源密集型和资本密集型为主，且两类产品的比例均呈现出小幅下降的趋势。相反的，在2008—2015年出口比例最小的劳动密集型产品表现为逐年上升的趋势，由13.49%增长至25.62%。

从技术结构来看，在中国对罗马尼亚的出口中，技术结构的变化较大。1992—2002年，由于罗马尼亚国内经济的不景气，罗马尼亚市场对低层次的产品需求较大，中国主要向罗马尼亚出口低科技含量的产品。1992年中国向罗马尼亚出口的低科技含量的产品比例达到了82.31%，2002年低科技含量产品占比80.16%，而高科技含量产品仅占6.86%。2002年以后中国出口罗马尼亚的技术结构开始发生明显变化，低科技含量产品比例大幅下降，中、高科技含量产品的比例持续上升，这种变化与中国经济的迅速发展和工业技术水平的提高有关，中国经济和科技的发展促进了更多中、高科技含量产品的出口。

罗马尼亚对中国的出口则主要以低科技含量产品和中等科技含量产品为主，高科技含量产品出口最少。值得一提的是，高科技含量产品的比例呈现出持续增长的趋势，而低科技含量产品的比例在2002年以后不断下降。

从用途结构来看，中国对罗马尼亚出口的中间品和资本品的比例增长较快，2008年资本品的比例比2002年增长了近26个百分点，中间品的比例在考察期间保持约15个百分点的增长。而消费品的比例持续下降，2015年仅为22.81%，较2002年的71.02%下降了约48个百分点。

罗马尼亚对中国的出口产品中，中间品占据了绝对地位，其比例一直稳定在81%~85%。消费品和资本品的比例有了明显提高，广泛用途类产品的比例不仅最小且其下降幅度较大，2015年比2002年下降了约13个百分点。

3. 贸易互补与竞争

利用贸易互补系数与相似系数，中国与罗马尼亚1992—2015年双边贸易互补性系数与在欧盟市场（除罗马尼亚外的欧盟成员国）的出口结构相似。如表9-6所示。

第九章 对外经济关系

表9-6 1992—2015年中罗货物贸易互补系数与在欧盟市场的相似系数

时期	贸易互补系数		中罗出口结构与在欧盟市场的相似系数
	中国对罗马尼亚	罗马尼亚对中国	
1992—2001	0.420975	0.312686	0.400772
2002—2004	0.464922	0.239377	0.33271
2005—2008	0.45238	0.256371	0.387178
2009—2012	0.51413	0.313834	0.427353
2013—2015	0.514531	0.304454	0.434691
2001—2015	0.485582	0.293299	0.399115

从表9-6可以看出，1992—2015年，中国对罗马尼亚的互补性在不断增强，其贸易互补系数呈现出波动上升的趋势。罗马尼亚对中国的贸易互补系数小于中国对罗马尼亚的系数，其系数值在0.25上下波动。从中罗出口结构与在欧盟市场的相似系数来看，它表现为较为平滑的先降后升的趋势，总体呈"U"形。

4. 贸易依存与分工

表9-7 1992—2015年中罗双边货物贸易依存度与产业内贸易水平

时期	贸易依存度		产业内贸易水平				
	中国对罗马尼亚	罗马尼亚对中国	总体	SITC-5	SITC-6	SITC-7	SITC-8
1992	0.57	2.20	0.034	0.005	0.003	0.058	0.008
2001	0.39	0.21	0.033	0.094	0.038	0.062	0.016
2004	0.52	0.14	0.071	0.024	0.035	0.313	0.026
2008	0.40	0.07	0.153	0.084	0.052	0.124	0.153
2012	0.36	0.09	0.229	0.096	0.148	0.339	0.208
2015	0.33	0.10	0.311	0.204	0.224	0.393	0.310

从表9-7可以看出，中国与罗马尼亚的双边货物贸易依存度与分工主要表现出以下几个特征：

从贸易依存度水平来看，在中国与罗马尼亚的双边贸易中，双方对对方国家的贸易依存度都较弱。需要指出的是，1992年罗马尼亚对中国的贸易依存度为统计年间的最大值2.20，说明在1992年罗马尼亚对中国的贸易依赖较强。从2001年开始，罗马尼亚对中国的贸易依存度不断降低，直到2008年后才开始小幅回升。从整体来看，除去1992年，罗马尼亚对中国的贸易依存度远远低于中国对罗马尼亚的贸易依存度，2008年罗马尼亚对中国的贸易依存度最低，仅为0.07，比中国对罗马尼亚的贸易依存度低了33个百分点。这说明随着两国贸易的迅速发展，罗马尼亚市场在中国的重要性远大于中国市场在罗马尼亚的重要性。

总之，无论是从总体来看还是从各类产品的细分来看，中罗两国之间的产业内贸易水平还是偏低的，存在着很大的发展空间，双边产业内贸易关系有待于进一步深化。

5. 结论与启示

综上所述，中罗双边货物贸易的主要特征可以归纳为以下几个方面：

（1）总体上来看，1992—2015年，中罗两国的贸易发展较快，但年均出口增长率、出口进口比上下起伏波动较大，同时期内中国对罗马尼亚货物贸易出口的增长率为17.53%，罗马尼亚对中国货物贸易出口的增长率仅为4.78%。2001年后中国和罗马尼亚的双边贸易出现了不平衡现象，这种不平衡现象直至2012年才出现改善的趋势。中国出口产品在罗马尼亚的市场份额要大于罗马尼亚出口产品在中国的市场份额。

（2）从双边贸易增长的边际贡献度来看，广度边际对中罗双边贸易的增长的贡献要大于深度边际，即产品种类增长所带来的贸易增长的拉动作用要大于原有出口产品种类数量扩张所带来的贸易增长。

（3）通过对中罗双边货物贸易结构分析发现，中国对罗马尼亚出口产品的要素结构中资源密集型产品的比例在逐渐下降，资本密集型产品的比例则在迅速增长；技术结构则反映为中、高科技含量产品的比例增长迅速，而低科技含量产品的比例则有显著下降；用途结构则表现为消费品的比例明显下降，而中间品的比例上升很快。

罗马尼亚对中国出口的产品以资源密集型和资本密集型为主，技术结构则表现为以低科技含量产品和中等科技含量产品为主。从用途结构看，中间品的比例高达85%左右，消费品和资本品的比例有明显提高，广泛用途类产品的比例变化表现为先降后升。

从要素结构和用途结构来看，中罗双边货物贸易的互补性较强；从技术结构来看，则中罗双边贸易的竞争性较强。

（4）双边货物贸易的互补性和竞争性分析表明，1992—2015年，中国对罗马尼亚贸易的互补性在不断增强,且大于罗马尼亚对中国贸易的互补性。罗马尼亚对中国的贸易互补性系数基本在 0.25 左右上下波动。从中罗出口结构与在欧盟市场的相似系数来看,其呈现出"U"形趋势。

(5)对中罗双边货物贸易的贸易依存度和产业内贸易进行的分析表明,中罗之间的贸易依存度较弱,但中国对罗马尼亚的贸易依存度远高于罗马尼亚对中国的贸易依存度;两国化学制品及相关产品的产业内贸易总体水平较低,但呈现上升趋势。其中,机器及运输设备的产业内贸易水平最高,中罗两国之间仍旧以基于比较优势的产业间贸易为主。两国之间的产业内贸易仍有很大发展空间。

第六节　与国际经济组织的关系

罗马尼亚是世界贸易组织、国际货币基金组织、世界银行和欧洲复兴与开发银行等国际经济组织的成员。罗马尼亚与这些组织合作,获得它们的贷款和其他形式的金融援助,并听取这些组织对罗马尼亚经济工作特别是经济改革的指导意见。

一、国际货币基金组织

罗马尼亚自 1972 年起成为国际货币基金组织与世界银行的成员国,是中东欧国家中最先加入这两个组织的国家,多次获得两个组织的贷款。已经履行的部分国际货币基金组织大额贷款计划包括：1975 年 10 月签订的一年期、价值 9 500 万特别提款权的贷款协议；1977 年 9 月签订的一年期、价值 6 410 万特别提款权的贷款协议；1981 年 6 月签订的两年半期限、价值 11 亿多特别提款权的贷款协议；1991 年 1 月的经济改组、调整和稳定计划,贷款额 10 亿美元；1994 年 5 月的紧急援助计划,贷款额 7 亿美元；2001 年的紧急援助协议,贷款额 4 亿美元,从 2001—2003 年分 6 次发放。

二、世界银行

罗马尼亚近年得到的部分世界银行贷款包括：2000 年 1 月提供的

1 100万美元低息贷款,用于发展农业;2000年7月提供的700万美元贷款,用于改善罗马尼亚的贸易、运输及卫生设施;2001年3月提供的8 000万美元贷款,用于发展农村地区;2001年10月提供的5 000万美元贷款,用于失业人员再培训、资助中小企业等社会发展项目。

三、欧洲复兴和开发银行

欧洲复兴和开发银行也是一家在罗马尼亚经济改革进程中担当重要角色的国际金融机构。1990—2001年,它在罗马尼亚的投资额达到20亿美元。2003年,该银行投资参与罗马尼亚石油公司和罗马尼亚商业银行两大国有企业的私有化进程,还提供贷款帮助罗马尼亚发展中小企业。

第七节　与世界其他国家和国际组织的经济关系

一、与欧盟以及欧盟其他国家的经济关系

1. 与欧洲联盟的经济关系

罗马尼亚经济转轨前就与欧共体进行合作。1990年以后,作为加入欧盟进程的一部分,罗马尼亚接受欧盟的帮助,采纳欧盟对经济改革的指导,在经济上实现与欧盟的一体化。罗马尼亚最主要的贸易和投资伙伴德国、意大利、法国和荷兰等,均为欧盟成员国。图9-2反映了罗马尼亚与欧盟其他成员国贸易额的变化趋势。

罗马尼亚是中东欧国家中第一个同欧共体建立关系的国家,双方在1980年就签订了第一个工业品贸易协定。罗马尼亚经济转轨后,双方又在1991年签署贸易及经济合作协定,取代原有协议。1993年2月1日,罗马尼亚同欧共体签署了联系国协定,与欧共体的关系更加紧密,欧共体通过削减关税、提供贷款和援助等方式支持罗马尼亚的经济改革,双方的贸易额也不断上升。1993年5月,罗马尼亚与欧洲自由贸易协会签订的自由贸易协定生效,欧共体削减从罗马尼亚进口纺织品征收的关税,对罗马尼亚的出口增长乃至整体经济的复苏起到了重要作用。进入21世纪,罗马尼亚的经济已经与欧盟密不可分。2002

年，罗马尼亚70%的出口面向欧盟市场。2003年，罗马尼亚与欧盟进行关于签署欧洲工业产品一致性评估和验收协议的谈判。签署该协议后，出口欧盟的罗马尼亚产品被打上"中欧制造"的标记，为进入欧盟市场获得了极大便利。

图9-2 罗马尼亚与欧盟其他成员国贸易额变化趋势图
数据来源：中华人民共和国商务部。

2. 欧盟对罗马尼亚的援助

欧盟主要通过援助波匈计划、加入欧盟前结构政策项目以及农业和农村发展特别加入计划等专门计划对罗马尼亚予以财政上的援助。援助波匈计划在1990年开始实施，后来其范围不再限于波兰和匈牙利。1991年，罗马尼亚和欧盟签署实施该计划的协议，成为第三个加入的中东欧国家。该计划的援助主要用于罗马尼亚的经济转轨过程。例如，在1991—1994年该计划对罗马尼亚实施的5.42亿埃居的援助中，42%用于经济发展和私有部门发展，25%用于人力资源开发、解决失业问题和社会发展，13%用于行政改革，5%用于改善交通基础设施和法律接轨。援助波匈计划对罗马尼亚的援助数额不断增加，2004年超过4亿欧元。入盟前结构政策项目以及入盟前农业和农村发展特别项目每年对罗马尼亚的援款也达到2亿~3亿欧元，为罗马尼亚的经济转轨提供了很大帮助。

3. 与欧盟成员国的经济关系

罗马尼亚作为欧盟的联系国，与欧盟各成员国达成了一系列贸易和投资协议，与这些国家开展经济合作时，互相享有关税等方面的优惠和便利措施。

（1）与意大利的经济关系

1990年以来，罗马尼亚与意大利的贸易额稳定增长，1998年意大利成为罗马尼亚的第二大贸易伙伴，贸易额达到38.8亿美元。2001年罗马尼亚与意大利的贸易额已高达60亿美元，超过与德国的贸易额，使意大利成为罗马尼亚最大的贸易伙伴，2002年两国贸易额在罗马尼亚外贸总额中所占比例为20.7%。促使两国贸易额如此巨大的一个重要原因是，从20世纪90年代中期开始，在罗马尼亚投资的意大利企业不断向意大利返销大额产品。意大利是罗马尼亚最主要的投资国，主要投资领域包括冶金、电力、农业、食品、纺织业和木材加工等。较大的意大利投资项目有参与切尔纳沃德核电站建设和并购科勒拉什钢铁联合企业等。2016年，罗马尼亚与意大利的出口贸易额已达到72亿美元。如图9-3所示。

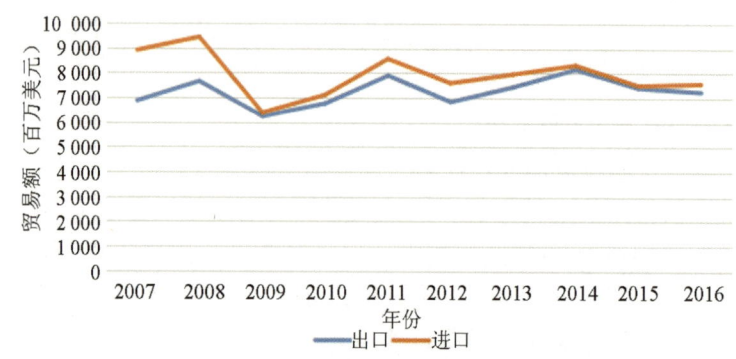

图9-3　罗马尼亚与意大利的贸易数据

数据来源：中华人民共和国商务部。

（2）与法国的经济关系

法国是与罗马尼亚经济关系较为紧密的发达国家之一，是罗马尼亚第四大贸易伙伴。2002年两国贸易额已经达到2 197亿美元，在罗马尼亚外贸总额中占6.4%。早在20世纪70年代，法国就在罗马尼亚投资设厂。截至2002年，法国在罗马尼亚的投资总额达到约15亿欧元，是在罗马尼亚投资额最大的国家之一。法国在罗马尼亚的主要投资领域包括加工工业、信息产业、金融业、咨询业、物流、农业、食品、纺织和服装等。目前，在法国独资或合资企业中工作的罗马尼亚工人已经达到4.5万人。

(3) 与德国的经济关系

1990年以来,德国一直是罗马尼亚最重要的贸易伙伴国。20世纪90年代末开始,罗马尼亚与德国的贸易额在外贸额中所占份额退居第二位。2001年,罗德贸易额约为41.5亿美元,占罗马尼亚外贸总额的15%。德国也是罗马尼亚最大的外资来源国之一。截至2001年,德国对罗马尼亚的投资额为8.75亿欧元,列第二位。

(4) 与荷兰的经济关系

荷兰在罗马尼亚的投资有很长的历史,早在1925年,荷兰壳牌石油公司就已在罗马尼亚投资并在罗马尼亚建立起覆盖面广泛的加油站网络,还参与了罗马尼亚天然气的开发。1990年以后,荷兰资本进入罗马尼亚的速度加快,在短短几年内,几乎所有著名的荷兰跨国公司都在罗马尼亚设立了办事机构。到2001年,荷兰在罗马尼亚的累计投资额超过10亿美元。两国贸易也发展强劲,1999年双边贸易额达到约5.6亿美元。在金融领域,有两家荷兰大银行进入罗马尼亚市场经营。荷兰还在电力、农业、交通、基础设施、加入欧盟等领域给予罗马尼亚以技术和资金援助,2000年的援助额达到900万美元。为帮助罗马尼亚加入欧盟,荷兰政府还提供质量体系、电子商务、贸易保护措施和贸易政策等方面的专业培训。

(5) 与英国的经济关系

罗马尼亚与英国的经济关系自20世纪90年代以来一直呈上升态势,2002年两国贸易额达到15亿美元。罗马尼亚的纺织品、电子设备、鞋、家具和钢铁等产品在英国市场畅销,英国则主要向罗马尼亚出口纺织品、针织品、通信设备、音响设备、工业设备和药品等。罗马尼亚在2001年已经成为英国在中东欧地区最大的出口目的国。英国也是在罗马尼亚投资较多的国家,截至2001年,投资额已经超过6亿美元。由于罗马尼亚的许多经济部门有良好的基础设施,如钢铁、石油天然气开采与加工、纺织品、服装等,许多英国公司对在罗马尼亚投资有兴趣,而交通运输(特别是铁路)、医药、信息技术和金融业等领域也有较强吸引力。2001年,英国13家公司收购了加拉茨钢铁厂的股份,成为罗马尼亚最大的外国投资项目之一。同时,英国还通过各种双边计划项目和欧盟项目提供财政援助,数额约为每年1 000万美元。

二、与中东欧国家以及邻国的经济关系

与罗马尼亚相临近的中东欧国家,在第二次世界大战后同属于经互会成员国,均是罗马尼亚主要的贸易伙伴。1990年以后,与这些国家的贸易额曾一度减少。20世纪90年代中后期,罗马尼亚与邻国关系得到明显改善,同匈牙利、乌克兰等国签署了一系列友好条约。1999年科索沃战争后,中东欧地区的局势更加稳定,使罗马尼亚与中东欧转轨国家的贸易额在2000年有所增长,在罗马尼亚总出口额和进口额中所占比例分别上升21%和3.2%,是促进罗马尼亚2000年外贸增长的一个重要因素。罗马尼亚还积极参加中东欧地区的中欧自由贸易协定组织、巴尔干贸易促进中心、黑海贸易和发展银行、黑海经合组织和多瑙河流域合作等区域性经济合作组织,与波兰、匈牙利等中欧自由贸易协定成员国以及摩尔多瓦和土耳其等国签署了自由贸易协定,为促进贸易额的增长打下了良好基础。

1. 与匈牙利的经济关系

匈牙利是罗马尼亚在中东欧国家中最大的贸易和投资伙伴,双边贸易额和投资额自1989年以来一直稳步上升。双边贸易结构以工业产品为主。2001年匈牙利出口到罗马尼亚的产品中,25%为农产品,75%为工业产品;罗马尼亚对匈牙利的出口中,10%为农产品,90%为工业产品。近几年来,罗马尼亚与匈牙利的贸易额呈现稳定趋势,2016年出口额为32亿美元。如图9-4所示。

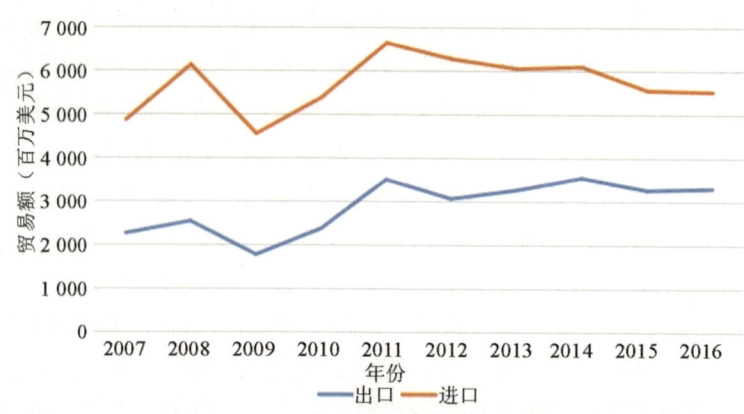

图9-4 罗马尼亚与匈牙利贸易额

数据来源:中华人民共和国商务部。

2. 与塞尔维亚的经济关系

罗马尼亚与南斯拉夫有传统的经济联系。20世纪60—70年代建设的铁门水电站是两国之间最大的合作项目。1990年，双边贸易额达到约4亿美元。1992年，由于南斯拉夫受到禁运，两国贸易近乎中断。禁运解除后，两国间的年贸易额保持在2亿美元左右，2003年为16亿美元。塞尔维亚独立后，其对罗马尼亚的主要出口商品包括谷物、药品和医疗设备、有色金属以及钢铁等。罗马尼亚对塞尔维亚出口的商品主要有电能、纤维和纺织产品、钢铁、化肥、有色金属等。罗马尼亚和塞尔维亚两国签有自由贸易协定，免除工业品关税，一些农产品，如牲畜、部分粮食、水果和蔬菜等也被免除关税。

3. 与保加利亚的经济关系

罗马尼亚和保加利亚是近邻，经济往来频繁。在20世纪90年代之前，两国就曾合资成立工业品贸易公司，销售两国的工业品，成为罗马尼亚与经互会国家之间唯一的合资公司。1990年以后，两国经济合作进一步深入，联合开发了一些大型项目，其中能源是重要的双边合作领域。2002年10月，罗马尼亚与保加利亚签署能源合作协定，决定在罗马尼亚首都布加勒斯特建立"巴尔干能源交易所"，在保加利亚首都索非亚建立"巴尔干能源中心"。

4. 与土耳其的经济关系

土耳其企业在1990年以后进入罗马尼亚市场，20世纪90年代初期成为罗马尼亚的主要贸易伙伴。当时土耳其是中东欧国家以外少数给予罗马尼亚公民免签政策的国家之一，两国商贸往来十分频繁，许多罗马尼亚人前往伊斯坦布尔开展商贸活动。2002年罗土贸易额超过10亿美元。土耳其对罗马尼亚的投资累计达到3.68亿美元，成为在罗马尼亚的第九大投资国。此外，还有约7 000名罗马尼亚公民在土耳其工作，约15 000名土耳其公民在罗马尼亚务工、经商。

三、与美国的经济关系

罗马尼亚和美国在20世纪60年代关系解冻后，经济合作发展顺利。美国把当时还是经互会成员国的罗马尼亚视为在外交上具有独特地位的国家，因而在核电、航空工业、机床、轧制材料、化肥、成衣和针织品、石化工业、半导体、家用电器、建筑设备、信息技术等领域内，让罗马尼亚引进很多美国的技术和标准。1990年后，罗美经济关系进入新的阶段，1992年两国签订了关于经济关系的双边协定，并于1993年开始实施，美国重新给予罗马尼亚以贸易最惠国待遇。1994年3月4日，罗马尼亚开始享受普惠制下的关税优惠，罗马尼亚对美国出口的4400种以上的商品免除关税。两国贸易额大幅上升，从1991年的3.03亿美元上升到1994年的6.58亿美元，2001年更达到8.7亿美元。罗马尼亚向美国出口的主要商品有轧钢制品、轮胎、成衣、纺织品、工业装置设备、木制家具、拖拉机、液压设备、滚珠轴承、乐器、鞋、航空零件、机床等；从美国进口的主要商品有钢铁、工业用煤炭、农机、电子和通信设备、烟草、纺织品、除草剂、信息数据处理设备、医疗设备、清洗剂、飞机、汽车、化妆品等。至1999年底，美国在罗马尼亚的投资额达到3.36亿美元，在当时所有对罗马尼亚进行投资的国家中位列第四，占在罗马尼亚外国投资总额的7.7%。美国的主要投资领域包括电子工业、木材工业、玻璃工业、能源、石油和天然气、环保、机器制造、工业产品、数据处理等。

四、与俄罗斯的经济关系

苏联解体之后，罗马尼亚同前苏联各加盟共和国分别发展双边关系，相互承认并签署了各类经济合作协定，其中与俄罗斯的经济关系尤为密切。经互会解散以后，双边经贸关系发生重大变化，罗马尼亚与俄罗斯的贸易额在罗马尼亚外贸中所占比例大为降低，两国贸易额从1989年以前的每年50亿美元左右下降到1990年后的每年约10亿美元，但俄罗斯仍是罗马尼亚的主要贸易伙伴国之一，在罗马尼亚的贸易伙伴中长期保持第五位。2002年两国贸易额约为13亿美元。罗马尼亚主要从俄罗斯进口原油、天然气、炼焦煤和化工产品，向俄罗斯出口机械、各类设备、轻工产品以及家具等。罗马尼亚对俄罗斯的能源产品需求巨大，原油、天然气和煤占进口总额的90%以上，2008年罗马尼亚对俄罗斯贸易存在近40亿美元的巨大逆差。从2009年开始，罗马尼亚对俄罗斯的贸易额逐渐趋向稳定。如图9-5所示。

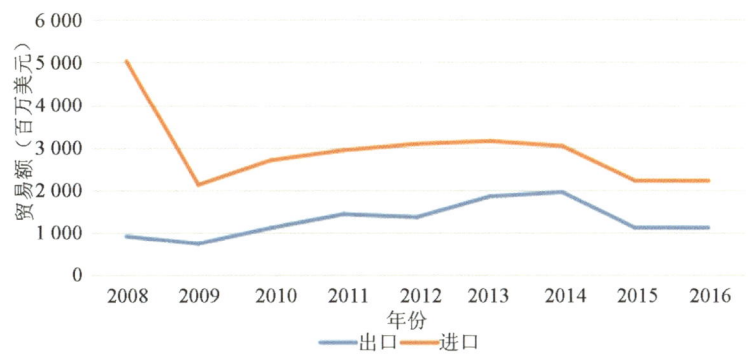

图9-5　罗马尼亚与俄罗斯的贸易额

数据来源：中华人民共和国商务部。

五、与以色列的经济关系

以色列的许多公民是罗马尼亚移民，两国经济关系十分密切。20世纪90年代以来，双边贸易额增长迅速，从1991年的3 200万美元增至2003年的2.11亿美元。以色列在罗马尼亚投资的主要领域是农业、食品工业、化工、建筑业、航空和工业设备等。

参考文献

[1] 米隆·康斯坦丁内斯库,等. 罗马尼亚通史简编. 北京:商务印书馆,1976.

[2] 安德烈·奥采特亚. 罗马尼亚人民史. 安娜·埃瓦布杜拉,译. 北京:商务印书馆,1981.

[3] 赵绍棣. 漫游世界指南12——罗马尼亚. 沈阳:辽宁教育出版社,1999.

[4] 冯志臣. 罗马尼亚文学. 北京:外语教学与研究出版社,1999.

[5] 王耀华,王州. 世界民族音乐. 北京:人民教育出版社,2004.

[6] 陆大道. 环球国家地理百科. 太原:山西教育出版社,2006.

[7] 尼古拉·克莱伯. 罗马尼亚史. 李腾,译. 上海:东方出版中心,2010.

[8] 李秀环. 列国志·罗马尼亚. 北京:社会科学文献出版社,2010.

[9] 吉尔特·霍夫斯泰德,格特·扬·霍夫斯泰德. 文化与组织:心理软件的力量. 李原,孙健敏,译. 2版. 北京:中国人民大学出版社,2010.

[10] 尚宇红,张琳. 中东欧十六国对外货物贸易结构(2001—2011). 上海:上海人民出版社,2013.

[11] 格里戈雷·杰奥尔久. 罗马尼亚现代文化史. 董希骁,译. 北京:外语教学与研究出版社,2016.

[12] 商务部国际贸易经济合作研究院,商务部投资促进事务局,中国驻罗马尼亚大使馆经济商务参赞处.《对外投资合作国别(地区)指南——罗马尼亚》.2014年版. 北京:[出版者不详],2014.

[13] 商务部国际贸易经济合作研究院,商务部投资促进事务局,中国驻罗马尼亚大使馆经济商务参赞处.《对外投资合作国别(地区)指南——罗马尼亚》.2015年版.北京:[出版者不详],2015.

[14] 商务部国际贸易经济合作研究院,商务部投资促进事务局,中国驻罗马尼亚大使馆经济商务参赞处.《对外投资合作国别(地区)指南——罗马尼亚》.2016年版.北京:[出版者不详],2016.

[15] 商务部国际贸易经济合作研究院,商务部投资促进事务局,中国驻罗马尼亚大使馆经济商务参赞处.《对外投资合作国别(地区)指南——罗马尼亚》.2017年版.北京:[出版者不详],2017.

[16] 巴特汝特 I. 罗马尼亚的地质学者在石油工业上的成就.地质学报,1957(2):209-214.

[17] 法泽卡什 J,李家渔.罗马尼亚民族同各共居民族的团结与友爱——当代罗马尼亚进步的动力(上).民族译丛,1980(3):1-6.

[18] 法泽卡什 J,李家渔.罗马尼亚民族同各共居民族的团结与友爱——当代罗马尼亚进步的动力(下).民族译丛,1980(4):16-21.

[19] 张汉文.罗马尼亚风情杂录.世界知识,1986(16):28.

[20] 波斯特玛 F H,霍德喜.罗马尼亚的日耳曼人——从移民成为迁居者.民族译丛,1987(2):13-20.

[21] 丁超.罗当代语言学研究概略.东欧,1988(1):35-40.

[22] 高兴.二十世纪罗马尼亚文学一瞥.东欧,1988(2):46-48.

[23] 丁超.罗马尼亚教育简况.东欧,1995(2):24-29.

[24] 诸惠芳.罗马尼亚教育改革动向.课程·教材·教法,1996(9):1.

[25] 周旭东.论第二次世界大战前罗马尼亚的平衡外交.史学集刊,2005(2):77-82.

[26] 伊珊.从冷战时期罗美关系浅析罗马尼亚外交特点.曲阜:曲阜师范大学,2007.

[27] 于一可.霍夫斯泰德文化维度理论简述.河南财政税务高等专科学校学报,2011,25(4):87-88.

[28] 张力玮.罗马尼亚实行高等教育改革.世界教育信息,2011(5):6.

[29] 杜洪利.文学与政治关系论——从"文学本体论"谈起.淄博:山东理工大学,2012.

[30] 王玥. 霍夫斯泰德的文化维度理论解读. 世纪桥, 2012(1): 35-36.

[31] 卡特琳·特里克. 20世纪的现代化与区域发展——以罗马尼亚为例. 科学与现代化, 2013(4): 8-16.

[32] 萨尔米扎·彭恰, 尤利亚·莫妮卡·奥埃赫列亚-欣卡伊, 李丹琳. 近10年罗马尼亚与中国贸易的主要趋势. 俄罗斯中亚东欧市场, 2013(5): 78-87.

[33] 何易. 罗马尼亚利用FDI的现状及中国企业的投资机遇. 北方经贸, 2014(3): 4-7.

[34] 尚宇红, 高运胜. 中国与中东欧10国出口产品竞争力及结构效应研究: 2002—2011年——基于CMSA模型的实证分析. 世界经济研究, 2014(4): 32-38, 88.

[35] 马欢. 罗马尼亚——下一个初创之都?. 新经济, 2015(6): 25.

[36] 龙海雯, 施本植. 中国与中东欧国家贸易竞争性、互补性及贸易潜力研究——以"一带一路"为背景. 广西社会科学, 2016(2): 78-84.

[37] 肖笛. 罗马尼亚的当代艺术. 美术, 2016(9): 122-128.

[38] 张雨佳, 张晓平, 龚则周. 中国与"一带一路"沿线国家贸易依赖度分析. 经济地理, 2017, 37(4): 21-31.

[39] 中国驻罗马尼亚使馆教育组. 罗马尼亚教育亟须"深刻的改革". 中国教育报: 2007-12-10(8).

[40] 欧盟统计数据库相关网页. http://ec.europa.eu/eurostat/data/database.

[41] 罗马尼亚统计局相关网页. http://www.insse.ro/cms/en.

[42] 通用运费网相关网页. http://www.ufsoo.com/port/constanta.

[43] 中国驻罗马尼亚大使馆经济商务参赞处. 罗马尼亚旅游业发展现状、特点及趋势分析. (2006-4-5) [2018-3-2] http://ro.mofcom.gov.cn/aarticle/ztdy/200604/20060401838409.html.

[44] 中国驻罗马尼亚大使馆经济商务参赞处. 罗马尼亚交通总体规划. (2016-4-8) [2018-3-2] http://ro.mofcom.gov.cn/article/jmdy/201604/20160401292265.shtml.

[45] 中国驻罗马尼亚大使馆经济商务参赞处. 罗马尼亚公布2016年农

产品贸易数据.(2017-3-22)[2018-3-2]http://ro.mofcom.gov.cn/article/i/jyjl/m/201703/20170302539072.shtml.

[46] 中国驻罗马尼亚大使馆经济商务参赞处.罗马尼亚服务业情况调研.(2017-2-27)[2018-3-2]http://ro.mofcom.gov.cn/article/jmdy/201702/20170202523702.shtml.

[47] 中国驻罗马尼亚大使馆经济商务参赞处.2017年1月—11月罗马尼亚服务贸易进出口情况报告.(2018-1-25)[2018-3-2]http://ro.mofcom.gov.cn/article/tongjiziliao/fuwzn/feihuiyuan/201801/20180102704151.shtml.

[48] FINGER J M,KREININ M E.A measure of export similarity and its possible uses.Economic journal,1979,89(356):905-912.

[49] BLAZQUEZ-LIDOY J,RODRIGUEZ J and SANTISO J.Angelor devil?China's trade impacton Latin American emerging markets.OECD Development Centre Working Paper,2006,6(252).

[50] LIU D,MA J T,Communication and exchange boost understanding and friendship:CAFIU delegation visited Russia and Romania.International understanding,2016.